# 外国人のヒューマンライツ

## ——コリアンワールド創刊23周年記念出版

戸塚悦朗 著

日本評論社

## コリアンワールド創刊 23 周年記念出版にあたって
### ―ヒューマンライツ啓発運動を推進しよう―

　戸塚悦朗弁護士から「李さん、実は今度、『外国人のヒューマンライツ』というタイトルで本を出版したいと思っているんです」と聞いたとき、私はすぐさま「コリアンワールド創刊 23 周年記念出版として協力させてください」と懇願した。突然の依頼であったにも関わらず、快く了承していただいたことに、まずもって感謝申し上げたい。

　戸塚氏との出会いは、今から 2 年ほど前にさかのぼる。氏の提唱する「外国人のヒューマンライツ」というその言葉の響きに、私はこれまでにない新鮮な感激を覚えた。

　日頃から在日コリアンの権利擁護の運動にたずさわるなかで、当時の私はある種の"壁"にぶつかり、悶々としていた。「在日コリアンは日本に居住して大方 100 年余にもなるのに、なぜ地方参政権の一つもないのだろうか」と嘆いていたのである。

　税金という義務は課せられているのに、日々の暮らしや政治について意思表明するための手段である選挙権が一切ない。この現実に、選挙のたびに、えも言われぬ疎外感にさいなまれていたのである。

　以前、あるイギリスの知識人が、新聞記事の談話で「日本で暮らして百年余の歴史をもつ在日コリアンに、地方参政権すらないということに驚きを禁じ得ない」と語っていた。その記事を読んだとき、私は「まさにその通りだ」と共鳴した。いまだに、一部の排外主義的な人たちが発する「日本から出ていけ」「このゴキブリども」などといったヘイトスピーチ・罵詈雑言を耳にするたび、つくづく、その人たちの精神的狭量さを嘆かずにはいられなかった。

　私は、奈良県の明日香村を時々訪れている。日本国最初の都・飛鳥は、6 〜 7 世紀に主に朝鮮半島や中国大陸から来た渡来人と、日本の人々との知的、物的相互協力の産物によって誕生した。日本という国は、当時の倭国と朝鮮半島・中国大陸・東アジアの人々の"合作"である。その歴史を初めて知っ

たとき、私は朝鮮半島にルーツをもつ者として、誇りを覚えた。

　聖徳太子は、高句麗、百済、新羅系の僧侶を師として、仏教を導入しよう
とその理念を学んでいた。それは、知る人ぞ知る史実である。高句麗は、飛
鳥寺建立の際に金三百両を贈呈した。百済からは、瓦博士などが渡来して建
築指導した。などなど、仏教国家としての日本国運営に大きな貢献を果たし
た。古代日本の文明開化は、朝鮮半島や中国との交流によって成し遂げられ
たのである。当時の東アジアそのものが、文化交流による相互関係の産物で
あったのだ。

　かの有名な高松塚古墳の発掘から、今年で50周年を迎える。今なお残る
天文図、西壁女子群像は、朝鮮半島、大陸との人的往来が盛んであったこと
を、かくも鮮やかに、そして如実にものがたっている。京都に遷都した桓武
天皇の母親、高野仁笠が、百済系の武寧王の子孫であることは周知の事実で
ある。また、古代の大和女王・卑弥呼は、韓国慶尚南道伽耶出身ではないか
という学説もある。

　江戸時代、徳川家康は、朝鮮通信使との外交によって、豊臣秀吉の蛮行、
壬辰倭乱（イムジンウェラン）の戦後処理を見事に成し遂げた。以降、二百
数十年間、日本と朝鮮半島の友好の時代が続いた。だから、徳川家康は外交
問題を解決し、和平を成し遂げた偉大な人物として、歴史的に高く評価され
ている。

　明治期までの二千年間、日本と朝鮮半島は、例外的な元の襲来と壬辰倭乱
のときを除いて、総じて友好関係を維持していた。こうしてみると、東アジ
アは、平和の時代の方がずっと長かったのである。

　日本は明治以降、西洋列強の悪しき植民地主義の影響を受け、天皇制軍国
主義国家となった。隣国に侵攻し、日清戦争、東学農民戦争の弾圧、日露戦
争によって大韓帝国を保護国化し、さらに併合によって植民地支配を確立し
た。こうして、絶え間なく軍事的侵攻を進め、アジア支配という歴史的大罪
を犯した。

　日本の膨張政策は、朝鮮半島の植民地支配にとどまることなく、さらに満
州事変以降の中国侵略へと拡大し、アジア太平洋戦争へと進んだ。このよう
な破滅的な過ちを今なお総括していない。なすべき戦後処理をせず、加害国

としての責任を引き受けていない。挙句の果てには、嘘に嘘を重ねる歴史教育を国民に押し付けたことを反省しないままに、日本は「神の国」などという妄言を発する首相さえ輩出している。

　1947年の外国人登録令公布、1952年のサンフランシスコ講和条約は、朝鮮民族を翻弄してきた。もっとも強く指摘したいのは、朝鮮民族への処遇である。戦前は天皇制に基づく植民地支配によって日本国籍を強制し、天皇の臣民として侵略戦争に加担させた。戦後は国籍の選択権すら与えず、一方的に日本国籍をはく奪した。「韓国・朝鮮人は外国籍」であると、戦争賠償の対象から除外した。

　これほどのご都合主義が、他にあるだろうか。

　BC級戦犯の問題も未解決だ。徴用工、慰安婦問題もある。中国人被害者には加害企業との和解を認めても、韓国人には認めないと日本政府は言い張っている。言い換えれば、日本は、国際法上のヒューマンライツの普遍性を認めないのである。

　国連憲章が制定したhuman rights＝「ヒューマンライツ」という言葉をそのまま使わず、日本国憲法の「人権」と同じ言葉で表記したことは、まさに表現のすり替えに他ならない。それが何を意味するのかというと、日本国籍保持者以外には、人間としての国際的普遍的価値を認めないということになるのだ。日本社会の人権は、日本国籍者中心に定められたから、地方参政権すら、外国籍住民には認めていないのである。つまり、日本でいういわゆる「人権」とは、日本国家にとって都合のいい手前勝手な概念・表現にすぎない。国が、あるいは個人が、諸問題に対し国民の人権を声高に主張するその裏で、ヒューマンライツの担い手である在日外国人・マイノリティの「声なき声」は封殺し続ける。そうすることで、大きな闇を生み出していることに気がついていない。ある種の自己矛盾に陥っているのではないだろうか。

　世界的なヒューマンライツ尊重の観点から見ると、このままでは、日本は孤立して行くばかりだ。国際ヒューマンライツ規約を疎かにする、ヒューマンライツ後進国に陥っていく一方である。だからこそ、文化水準を高め、普遍的ヒューマンライツ尊重の動きを強めて行く努力が必要なのだ。今こそ、ヒューマンライツの真の意味を認識する啓発運動が必要とされているのであ

る。

　『外国人のヒューマンライツ』出版にあたり、執筆された戸塚悦朗弁護士に心から敬意を表するとともに、本書の刊行が、その運動の契機となることを切に願っている。

2023 年 3 月

コリアンワールド代表　　李　相善
〒 530-0001 大阪市北区梅田 1 丁目 11 番 4-1000 号
大阪駅前第 4 ビル 10 階
電話　06-6136-5343
FAX　06-6758-5855

# 目次

**【初出一覧】**

外国人のヒューマンライツ（その1）（龍法 '21）54-3 所収
外国人のヒューマンライツ（その2）（龍法 '22）54-4 所収
外国人のヒューマンライツ（その3）（龍法 '22）55-1 所収
外国人のヒューマンライツ（その4）（龍法 '22）55-2 所収

# 外国人のヒューマンライツ（その１）
### ——憲法以下の国内法は外国人に対してどのように向き合ってきたのか？

**（はじめに）**

　外国人のヒューマンライツについてどう考えるべきかについて講演を依頼された。それが契機になってマスメディアがどのようにこの問題を報道しているのかに注目するようになった。このところ、ウィシュマ・サンダマリさんの入管施設内での死についての報道を見ない日がないほどメディアの取り組みが進んでいる。そこでこの問題を考える入口として、朝日新聞の社説「入管内の死　遺族に誠実に向き合え」（2021年9月15日）を取り上げてみたい。

　問題の所在はどこにあるのだろうか。社説が挙げる問題点は多岐にわたる。①入管内の死亡事件の再発防止への政治的な意思の不在。②問題の本質に向きあわずに組織防衛に走る法務・入管当局の姿勢。③ウィシュマさんを撮影した監視カメラの映像の開示への入管当局の消極姿勢は、遺族への開示に代理人弁護士の同席を許すかどうかの問題で膠着状態に陥っている。④ウィシュマさんの尊厳を入管がどう考え処遇したのかの真相究明は遅々として進まない。⑤死亡経緯に関する行政文書の公開要求に対し、大量の文書がほぼ黒塗り状態で「開示」された。⑥再発防止のために上川法務大臣が設けた検討チームのトップは入管庁の部長であり、第三者機関による真相究明はなされていない。

　社説が指摘する問題点を繰り返し読んでみると、日本の政治と行政が

持っている負の側面が満載されていることがわかる。しかし、そのうち何が決定的に重要な問題なのかは、筆者にも定かではない。

ウィシュマさんの事件は、孤立した特別の事件ではない。いつも起きていた問題の典型例と見るべきではないか。同じ9月15日にNHKが入管収容施設の実態を象徴的に示す衝撃的な映像を「"手錠かけられ放置"入管収容の男性 監視カメラの映像 公開」と題して報道した。この事件も、ウィシュマさんの被害と共通する問題点を含んでいると思われる。

これらは、入管に収容された外国人のヒューマンライツを尊重しない日本政府の姿勢を象徴する事件である。なぜこのような事件が繰り返し起きるのか？それが問題である。最低限言えることは、日本政府が外国人に対して極めて「非寛容」であることではないか。その底には、政府を支える日本社会が人間に対しての「やさしさ」を欠いているという根本問題が横たわっている。

それでは、このような「非寛容」と「やさしさ」の欠如には、私たちはどのように対応したらよいのであろうか？まず、法的な問題点を検討してみると、解決は簡単ではなさそうである。実は、問題点が重層的で、しかも、その全体像を理解することを妨げるヒューマンライツ認識の混乱（ヒューマンライツと「人権」は同じなのか？）という問題があると思われるのである。ここでは、日本の憲法以下の国内法が外国人に対してどのように向き合ってきたのか？という問題をまず検討する。そのうえで私たち日本の社会と人々が、国籍を問わず、人間に対してどう向き合って行くべきなのか？という視点から考えを深めて見たい。その理解を深めることから、この問題にどのように対応すべきかの方向性が見えてくるのではないだろうか。

## 第1．憲法以下の国内法は外国人に対してどのように向き合ってきたのか？

### 1．外国人が抱える具体的な問題

　筆者が外国人のヒューマンライツ侵害問題に関心を寄せ研究を公表し始めたのは、2007年のことだった。それは、以下のような具体的な問題があることに注目したからだった[1]。

　2006年現在日本における外国人登録者数は、約200万人になり、総人口の1.55％を占める[2]。今後増加こそすれ減少の兆しはない。浜松市のウェブサイト[3]から、その実態を如実に示す外国人集住都市の現状を示す統計数値（下表の「各都市データ」参照）を引用してみよう。

**各都市データ**　　　　　　　　　　　　　　　　　　　　　基準日：2004年4月1日

| 都市名 | 総人口（人） | 外国人登録者数（人） | 外国人割合（%） | 登録者国籍1位 | 登録者国籍2位 | 登録者国籍3位 |
|---|---|---|---|---|---|---|
| 群馬県太田市 | 152,067 | 7,935 | 5.21 | ブラジル | 韓国 | ペルー |
| 群馬県大泉町 | 42,354 | 6,356 | 15.00 | ブラジル | ペルー | フィリピン |
| 愛知県豊橋市 | 375,360 | 16,776 | 4.47 | ブラジル | 韓国・朝鮮 | フィリピン |
| 愛知県豊田市 | 358,244 | 12,031 | 3.35 | ブラジル | 韓国・朝鮮 | 中国 |
| 三重県四日市市 | 296,959 | 7,739 | 2.64 | ブラジル | 韓国・朝鮮 | 中国 |
| 三重県鈴鹿市 | 196,349 | 7,873 | 4.00 | ブラジル | ペルー | 韓国・朝鮮 |
| 三重県上野市 | 62,850 | 3,313 | 5.27 | ブラジル | ペルー | 韓国 |
| 岐阜県大垣市 | 153,737 | 5,531 | 3.59 | ブラジル | 中国 | 韓国・朝鮮 |
| 岐阜県可児市 | 97,990 | 5,323 | 5.43 | ブラジル | フィリピン | 韓国・朝鮮 |
| 岐阜県美濃加茂市 | 52,073 | 4,345 | 8.34 | ブラジル | フィリピン | 中国 |
| 長野県飯田市 | 109,090 | 3,244 | 2.97 | ブラジル | 中国 | フィリピン |

---

1　戸塚悦朗「外国籍の子どもの教育への権利と教育法制——国際人権法の視点から教育基本法「改正」問題を振り返る——」（その1）龍谷法学40巻1号、2007年6月38-71頁。

2　法務省ウェブサイト参照。平成16年末現在における外国人登録者数は197万3,747人で、前年に引き続き過去最高記録を更新している。http://www.moj.go.jp/PRESS/050617-1/050617-1.html　2007年4月30日ヒット。

3　http://nw01.city.hamamatsu.shizuoka.jp/admin/plan/policy/kokusai/conferenceindex.html　2006年1月16日ヒット。

| 静岡県磐田市 | 91,284 | 4,801 | 5.26 | ブラジル | 中国 | フィリピン |
|---|---|---|---|---|---|---|
| 静岡県湖西市 | 44,719 | 2,710 | 6.06 | ブラジル | ペルー | フィリピン |
| 静岡県浜松市 | 601,878 | 23,149 | 3.84 | ブラジル | フィリピン | 中国 |
| 静岡県富士市 | 242,772 | 4,900 | 2.02 | ブラジル | フィリピン | 韓国・朝鮮 |

　言うまでもなく、外国人は日本にとってきわめて重要な役割を果たしているのであって、日本人は同じ国に住む居住者として外国人とも共生して行く必要がある。2004年日弁連人権擁護大会[4] が、「多民族・多文化の共生する社会の構築と外国人・民族的少数者の人権基本法の制定を求める宣言」で外国籍の子どもの教育への権利を含む外国人の基本的人権の保障を求めたのも、このことの重要性を示している。

　ところが、後述する法制度の欠陥と地方自治行政の不作為による就学差別などのため、多数の外国籍の子どもが不就学の現状にあり、大きな社会問題になってきている[5]。外国籍の子どもには日本籍の子どもに保障されている義務教育への権利が保障されていないのである。それが深刻な問題を引き起こしていることはすでに知られていて、一部の都市では取組が進んでいる[6]。

---

4　2004年10月8日第47回日本弁護士連合会人権擁護大会「多民族・多文化の共生する社会の構築と外国人・民族的少数者の人権基本法の制定を求める宣言」は、「1．外国人に対しても基本的人権を原則として等しく保障し、さらに、民族的少数者固有の権利を確立すること。」のほか「7．外国人の子どもへの日本語教育の充実等の施策を行うとともに、公教育における母語・母国語等の教育の機会や、民族学校、外国人学校を含む多様な教育の機会を制度的に保障すること。」を求めた。以下の日弁連ウェブサイトを参照。http://www.nichibenren.or.jp/ja/opinion/hr_res/2004_5.html　2007年4月23日ヒット。
　　なお、日本弁護士連合会『第47回人権擁護大会シンポジウム第1分科会基調報告書・多民族・多文化の共生する社会をめざして〜外国人の人権基本法を制定しよう〜本編』（2004年10月7日宮崎市）を参照。
5　外国人集住都市会議浜松宣言および提言参照。http://www.city.hamamatsu.shizuoka.jp/admin/plan/policy/kokusai/hama_teigen.pdf　2006年1月16日ヒット。
6　前注参照。

　全国的に外国籍の子どもの不就学の実態を調査する必要がある[7]のに、全国調査は実施されていない。田中宏教授の指摘によれば、外国籍の子どもの不就学調査は、意識的に学校基本調査から除外されているという[8]。「すべての」子どもの教育への権利を保障する国際人権法の視点から見ると、そのような権利を保障するための調査でもある学校基本調査で意図的な外国人差別がなされていることになるのであって、このこと自体が国際法違反の違法行為を構成していると言うべきであろう。なぜこのような事態が起こっているのか、その理由と解決のための方策をも調査する必要がある。これらの調査結果は、政府・文部科学省、自治体、政党等国会関係者、国連等国際機関[9]に提出されることが望ましい。

　2005年ころから文部科学省もようやく重い腰をあげ、全国から選んだ自治体を対象に不登校外国人児童生徒の実態把握に乗り出すことになり、大阪府では、大阪市と豊中市の教育委員会が、この調査事業に協力し、調査

---

7　実態調査を行うべきなのは、日本政府、都道府県および市町村などの自治体である。しかし、政府、自治体による早急な取り組みが期待できない場合には、政党など国会関係者、研究者、NGO、弁護士会、教職員組合がまず先行して取り組むことが期待できる。

8　田中宏「特集「教育問題を考える」教育基本法改正問題と外国人の子ども」人権協会News6号（2006年12月）。同教授の指摘によると、「学令期（小中）の外国人の子どもの就学状況はどうなっているのだろうか。正確な統計はない。外国人登録（A）と学校基本調査（B）のデータから別図を作って見た（文末資料参照）。…学校基本調査には「帰国子女数」の統計があるが、それは外国人より詳しく「学年別」「都道府県別」が掲げられている。過去の同調査を調べて見ると、外国人についても「都道府県別」の統計（例えば、1953年調査）や「国籍別」の統計（例えば1970年）が示されたこともあるが、現在は、僅かに「国、公、市立別、小、中、高別」の総数だけである。また、同調査には「不就学学令児童生徒調査」もあるが、その調査票にはわざわざ「外国人は調査から除外する」とある。…」とされている。

9　条約機関としては、自由権規約委員会、社会権規約委員会、子どもの権利委員会が開催されるたびに、次々に継続してカウンターレポートとして提出することが望ましい。その他の国際機関への通報も検討できるであろう。

が始まった[10]。

　このように、筆者は、外国籍の子どもの不就学の実態の調査に始まり、その原因になってきた、外国籍の子どもには日本籍の子どもに保障されている義務教育への権利が保障されていないという日本の教育行政の欠陥に着目して研究を進めるようになった。

## 2．日本の教育行政の欠陥

　多数の外国籍の子どもの不就学という社会問題を引き起こしている元凶は、日本の教育行政である。研究の結果、具体的には、日本の教育行政には以下に述べるような重大な欠陥があることがわかってきたのである。

### 文部科学省の行政解釈

　教育行政の実務は、市町村レベルの教育委員会が担っている。その実務は、全国的な教育行政を統制している政府・文部科学省レベルの行政解釈に基づいて実施されている。そこで、文部科学省がどのような行政指導を行っているのかを具体的に検討する必要がある。

　就学義務など行政の就学事務について全国的な統一をはかるために、文部科学省は相当数の通知を発出している。また、これらに基づき、文部科学省が自治体などからの各種問い合わせへの回答をしている。これらをまとめたハンドブックが出版されている。

　代表的なものとして就学事務研究会編『改訂版就学事務ハンドブック』

---

10　「不登校外国人児童生徒の実態調査　大阪市、豊中市で本格的に開始」コリアNGOセンターNEWS LETTER No.7（2005年12月10日）、18頁。文部科学省初等中等教育局国際教育課『平成18年度帰国・外国人児童生徒教育研究協議会資料』（平成18年7月24日）には、「不就学外国人児童生徒支援事業実施地域」として滋賀県1県及び群馬県太田市ほか13市が上げられている。兵庫県関係者によれば、これとは別に、同県は独自に外国籍の子どもの不就学について全県で実態調査を実施するため、平成18年度予算を計上したとのことである。

（第１法規。1993年）がある。就学義務研究会編となっているが、編集代表は野崎弘氏（文部省初等中等教育局長）、井上孝美氏（文部省教育助成局長）であり、編集委員は、関係課長等文部省の主要担当官が名前を連ねていて、このハンドブックが行政解釈の標準的な立場をまとめたものであることは明らかである。

　この『改訂版就学事務ハンドブック』が初等教育についての就学義務について説明するところは、以下のとおりである。

　「保護者の就学させる義務」を「就学義務」と言うが、同『ハンドブック』は、その内容について次のように説明している[11]。

　「保護者の子どもを就学させる義務については、憲法第26条第２項前段で「すべて国民は、法律の定めるところにより、その保護する子女に普通教育を受けさせる義務を負ふ。」と、また教育基本法第４条第１項で「国民は、その保護する子女に、９年の普通教育を受けさせる義務を負う。」と定めています。そして、学校法第22条は、「保護者は、子女の満６歳に達した日の翌日以後における最初の学年の初から、満12歳に達した日の属する学年の終わりまで、これを小学校または盲学校、聾（ろう）学校若しくは養護学校の小学部に就学させる義務を負う。」とし、同法第39条（中学校へ就学させる義務）とあわせて、保護者がその子女を小学校および中学校（盲・聾（ろう）・養護学校の小・中学部を含む）に就学させる義務を負うことを明らかにしています。ここでいう「保護者」とは「親権を行う者」または「後見人」をさします（学校法第22条）。」としている。

　このように、文部科学省の行政解釈の解説書である前掲『ハンドブック』は、憲法、教育基本法、学校教育法の条文を根拠にして、就学義務を負う主体は、「子女」の「保護者」であると明言している。ここでは、就学義務を負う主体が「子女」（子ども）ではなく、「保護者」とされている

---

11　就学事務研究会編『改訂版就学事務ハンドブック』第１法規出版（1993年）、20頁。

ことに注目すべきである。

　このような文部科学省の行政解釈は、憲法と教育基本法の規定する「国民」概念に厳格に従ってきた。そのことが外国籍の子どもの義務教育への権利を認めないことにつながり、結局外国籍の子どもの不就学問題を生むことになっている。


### 3．国内法が定める権利主体の規定ぶり

　外国籍の子どもから義務教育への権利を奪っている教育行政の原因は、憲法以下の国内法の大部分が「国民」のみを権利主体として規定し、外国人を様々な権利を享受する主体と認めていないところにある。

　例えば、憲法第26条（教育を受ける権利と受けさせる義務）は、

（1）すべて国民は、法律の定めるところにより、その能力に応じて、ひとしく教育を受ける権利を有する。

（2）すべて国民は、法律の定めるところにより、その保護する子女に普通教育を受けさせる義務を負ふ。義務教育は、これを無償とする。

　と定めている。

　第1項でも第2項でも、権利義務の主体は、「すべて」とはあるものの、主語は「国民」と定められているので、文字通り解釈するなら、「国民」ではない外国人は権利義務の主体にならないのである。これに従って、教育に関する法律でも、多くの規定は憲法の規定を受けて、「国民」を権利義務の主体とすることになり、「外国人」が排除される。その結果、前述したように教育行政も「外国人」を排除することになるのである。

　教育に関わらず、その他の場合でも、憲法の規定は「国民」を権利義務の主体として、「外国人」を排除している場合が少なくない。このように、憲法や法律が権利主体を「国民」と定め、外国人が権利主体として認知されにくいことが重大な問題点となっている。

### ４．マクリーン最高裁判所判決の憲法解釈

最近憲法学者と憲法上の「国民」概念と外国人の地位について議論する機会があった[12]。筆者の質問に対する奥野恒久教授（龍谷大学政策学部）の回答によれば、マクリーン判決（1978年10月４日最高裁判所判決）[13] があって、憲法の規定が基本的人権の権利主体を「国民」としていても、原則として外国人にも保障が及ぶように解釈すべきだと解釈されているというのである。

たしかに、この最高裁判所判決を読んでみると、「憲法第三章の諸規定による基本的人権の保障は、権利の性質上日本国民のみをその対象としていると解されるものを除き、わが国に在留する外国人に対しても等しく及ぶ」[14] と言う部分を含んでいる。

しかし、このような判断にもかかわらず、マクリーン最高裁判決は、マクリーン氏の在留中のベトナム反戦デモなどの政治活動を（最高裁の判断では、平和的であり、憲法に保障された権利の行使として合法な行為とされたにもかかわらず）消極的な事情として考慮に入れて、在留期間更新を許可しないことができると、法務大臣の広い裁量権を認めた。

ところで、マクリーン事件第１審判決（1973年３月27日東京地方裁判所）[15] は、法務大臣の在留期間更新の不許可処分は、与えられた裁量の範

---

12　奥野恒久教授（龍谷大学政策学部／憲法学・人権論）発表「日本国憲法に基づく安全保障政策を考える——米中対立の激化するなかで」2021年８月25日（Zoom）主催：龍谷大学社会科学研究所・安重根東洋平和研究センター。

13　マクリーン判決は、民集第32巻７号1223頁に掲載されているが、最高裁ホームページでも以下のとおり閲覧できる。https://www.courts.go.jp/app/hanrei_jp/detail2?id=53255　2021年９月21日閲覧。

14　芦部教授は、「権利性質説」について「権利の性質によって外国人に適用されるものと、そうでないものとを区別し、できる限り（その範囲・程度については争いがあるが）人権の保障を外国人にも及ぼすべきであるという説を言う。…わが国では通説である。」として、マクリーン判決もこの立場として紹介している。芦部信喜『憲法学Ⅱ人権総論』有斐閣（1994年）、126頁。

15　マクリーン事件第１審判決：在留期間更新不許可処分取消請求事件東京地↗

囲を逸脱する違法な処分だったとして原告マクリーン氏を勝訴させた。だが、東京高裁では原告は逆転敗訴し、最高裁は東京高裁判決を支持したのである。だから、裁判官によっては、どちらにでも判断が分かれ得るグレーゾーンに入る事件だったと考えてよいであろう。最高裁の論理によると、在留中の外国人に対しても「国民」同様に憲法上の基本的人権の保障が（原則的に）等しく及ぶという。そして、マクリーン氏は集会の自由、表現の自由などの権利を在留中に行使しただけなのであって、違法行為を冒したのではない。その点でスパイ行為の様な違法行為を冒した場合とは決定的に違う。もし、最高裁が前記の部分の判断を核心的な判例[16]として残そうとしたのであれば、原告の在留期間更新を認めてもよかったのではないだろうか。しかし、実際のところは、最高裁はこの判旨をもとに本気で外国人に憲法上の権利を認めようとしたのではなかったのではないか。筆者にはそう思われてならない。

　筆者の疑問に理由があるかどうかを判断するためには、もう少し詳細にマクリーン判決（最高裁判決）の論旨を分析する必要がある。判決を熟読すれば、その判旨の流れは、第一審の東京地裁判決（前掲注記のとおり、インターネットで読むことができる）のそれとは全く違うことがよくわかっていただけるであろう。

　最高裁判決は、まず冒頭の「一　本件の経過」で「本件につき原審が確定した事実関係の要旨は、次のとおりである」として事実関係から書き始めている。そこで挙げられているほとんどの事実関係は、主としてマクリーン氏が外国人べ平連に所属してその活動に参加し、「ベトナム戦争反

---

　方裁判所昭和45年（行ウ）第183号昭和48年３月27日民事第２部判決、原告ロナルド・アラン・マクリーン・被告法務大臣は、以下のウェブサイトで閲覧できる。

　　http://www.cc.kyoto-su.ac.jp/~suga/hanrei/1-1.html　2021年９月21日閲覧。
16　レイシオ・デシデンダイ（*ratio decidendi*）。『新版法律学辞典』有斐閣（1952年）1243頁。

対」などの政治活動を行ってきたことを列挙している。これに対して、東京地裁判決は、マクリーン氏が在留目的である英語教育に従事する傍ら、日本文化（琴などの楽器演奏）に傾倒して、将来専門的に研究しようとその習得のために真剣に学習していたこと、その継続のためにも在留期間の延長が必要であることを説明していたことなども認定している。最高裁判決は、それらの在留を必要とする事情は全く記載していない。

　この書きぶりからすれば、最高裁判決だけを読んだ人は、マクリーン氏の在留の目的が日本での政治活動であるかのように誤解しかねないであろう。

「二　当裁判所の判断」で、最高裁の法律論が展開されている。以下、最高裁判決の法的判断の論理を順序だててたどってみたい。

　　①憲法と外国人の入国・在留・在留期間更新
　　まず、外国人の入国の権利が憲法22条1項[17]によって保障されているかどうかについて、以下のように判示している。

　　　憲法二二条一項は、日本国内における居住・移転の自由を保障する旨を規定するにとどまり、外国人がわが国に入国することについてはなんら規定していないものであり、このことは、国際慣習法上、国家は外国人を受け入れる義務を負うものではなく、特別の条約がない限り、外国人を自国内に受け入れるかどうか、また、これを受け入れる場合にいかなる条件を付するかを、当該国家が自由に決定することができるものとされていることと、その考えを同じくするものと解される（最高裁昭和二九年（あ）第三五九四号同三二年六月一九日大法廷判決・刑集一一巻六号一六六三頁参照）。したがつ

---

17　憲法22条1項　何人も、公共の福祉に反しない限り、居住、移転及び職業選択の自由を有する。

て、憲法上、外国人は、わが国に入国する自由を保障されているものでないことはもちろん、所論のように在留の権利ないし引き続き在留することを要求しうる権利を保障されているものでもないと解すべきである。

　最高裁は、憲法解釈に基づいて、外国人の入国する自由も、在留の権利も引き続き在留する権利も否定し、それを前提として、出入国管理令による在留期間の延長制度について検討し、以下のように述べている。「上陸を許された外国人は、その在留期間が経過した場合には当然わが国から退去しなければならない。もつとも、出入国管理令は、当該外国人が在留期間の延長を希望するときには在留期間の更新を申請することができることとしているが（二一条一項、二項）、その申請に対しては法務大臣が「在留期間の更新を適当と認めるに足りる相当の理由があるときに限り」これを許可することができるものと定めている（同条三項）のであるから、出入国管理令上も在留外国人の在留期間の更新が権利として保障されているものでないことは、明らかである。」と在留期間の更新制度が、外国人に権利を与えたものではないことを念押ししている。

### ②在留期間更新と法務大臣の裁量権の広さ

　そのうえで、在留期間の更新の許否に関する法務大臣の権限の広さをどの程度のものと解釈するかについて、以下のように判示している。

　出入国管理令が原則として一定の期間を限つて外国人のわが国への上陸及び在留を許しその期間の更新は法務大臣がこれを適当と認めるに足りる相当の理由があると判断した場合に限り許可することとしているのは、法務大臣に一定の期間ごとに当該外国人の在留中の状況、在留の必要性・相当性等を審査して在留の許否を決定させ

　ようとする趣旨に出たものであり、そして、在留期間の更新事由が概括的に規定されその判断基準が特に定められていないのは、更新事由の有無の判断を法務大臣の裁量に任せ、その裁量権の範囲を広汎なものとする趣旨からであると解される。すなわち、法務大臣は、在留期間の更新の許否を決するにあたつては、外国人に対する出入国の管理及び在留の規制の目的である国内の治安と善良の風俗の維持、保健・衛生の確保、労働市場の安定などの国益の保持の見地に立つて、申請者の申請事由の当否のみならず、当該外国人の在留中の一切の行状、国内の政治・経済・社会等の諸事情、国際情勢、外交関係、国際礼譲など諸般の事情をしんしやくし、時宜に応じた的確な判断をしなければならないのであるが、このような判断は、事柄の性質上、出入国管理行政の責任を負う法務大臣の裁量に任せるのでなければとうてい適切な結果を期待することができないものと考えられる。このような点にかんがみると、出入国管理令二一条三項所定の「在留期間の更新を適当と認めるに足りる相当の理由」があるかどうかの判断における法務大臣の裁量権の範囲が広汎なものとされているのは当然のことであつて、所論のように上陸拒否事由又は退去強制事由に準ずる事由に該当しない限り更新申請を不許可にすることは許されないと解すべきものではない。

　ここで最高裁判決が結論している「出入国管理令二一条三項所定の「在留期間の更新を適当と認めるに足りる相当の理由」があるかどうかの判断における法務大臣の裁量権の範囲が広汎なものとされているのは当然のことであつて、…」という箇所がこの判決の核心のひとつなのではないか。そのために、外国人の権利をできる限り否定しておきたかったのであろう。

　③司法審査の範囲の限定

最高裁判決は、法務大臣の外国人の在留期間の更新申請に対する許否の判断について、裁量権の範囲を広汎なものとするだけでは満足していない、本件のようにその裁量権の判断が違法かどうかについての司法審査が予測できるのであるから、その司法審査のための裁判所の権限の範囲を著しく狭くすることができるように以下のように判示している。

　　裁判所は、法務大臣の右判断についてそれが違法となるかどうかを審理、判断するにあたつては、右判断が法務大臣の裁量権の行使としてされたものであることを前提として、その判断の基礎とされた重要な事実に誤認があること等により右判断が全く事実の基礎を欠くかどうか、又は事実に対する評価が明白に合理性を欠くこと等により右判断が社会通念に照らし著しく妥当性を欠くことが明らかであるかどうかについて審理し、それが認められる場合に限り、右判断が裁量権の範囲をこえ又はその濫用があつたものとして違法であるとすることができるものと解するのが、相当である。

　ここまでで、最高裁は、法的な一般原則を判示したが、それを本件の具体的な事件に適用する論理を追ってみる。
　マクリーン氏の在留期間更新申請に対し、法務大臣が更新を適当と認めるに足りる相当な理由があるものとはいえないとしてこれを許可しなかつたのは、マクリーン氏の在留期間中の無届転職と政治活動のゆえであつたというのであり、最高裁判決は、東京高裁の判決の「趣旨に徴すると、なかでも政治活動が重視されたものと解される」と言っている。

　　④在留期間更新判断には基本的人権の保障は及ばない
　　以下の判旨部分で、外国人に対して「基本的人権の保障」が及ぶの

かどうかについての前述した判断が出てくるので、精読する必要がある。

　憲法第三章の諸規定による基本的人権の保障は、権利の性質上日本国民のみをその対象としていると解されるものを除き、わが国に在留する外国人に対しても等しく及ぶものと解すべきであり、政治活動の自由についても、わが国の政治的意思決定又はその実施に影響を及ぼす活動等外国人の地位にかんがみこれを認めることが相当でないと解されるものを除き、その保障が及ぶものと解するのが、相当である。しかしながら、前述のように、外国人の在留の許否は国の裁量にゆだねられ、わが国に在留する外国人は、憲法上わが国に在留する権利ないし引き続き在留することを要求することができる権利を保障されているものではなく、ただ、出入国管理令上法務大臣がその裁量により更新を適当と認めるに足りる相当の理由があると判断する場合に限り在留期間の更新を受けることができる地位を与えられているにすぎないものであり、したがつて、外国人に対する憲法の基本的人権の保障は、右のような外国人在留制度のわく内で与えられているにすぎないものと解するのが相当であつて、在留の許否を決する国の裁量を拘束するまでの保障、すなわち、在留期間中の憲法の基本的人権の保障を受ける行為を在留期間の更新の際に消極的な事情としてしんしやくされないことまでの保障が与えられているものと解することはできない。

　たしかに、前述したとおり、この部分で「憲法第三章の諸規定による基本的人権の保障は、権利の性質上日本国民のみをその対象としていると解されるものを除き、わが国に在留する外国人に対しても等しく及ぶ」と判示していることが確認できる。

だが、実は、その直後に、「しかしながら、…」という接続詞に導かれる文章が続くのであって、ここで論理は逆転するのである。これがもし仮に、「したがって、…」という論理の流れになるのであれば、外国人にも基本的人権の保障が及ぶのだから、在留中に合憲であり合法的な行動をとっていた外国人については、在留期間の更新の判断に際してその行動を「消極的な事情」として斟酌されないという保障が及ぶという結論になるのが自然ではないだろうか。だが、最高裁判決は、逆転の発想をとって、在留期間の延長をみとめなかった。

　その論理はつぎのようなものであった。「**外国人に対する憲法の基本的人権の保障は、右のような外国人在留制度のわく内で与えられているにすぎない**」という制限的な保障だというのである。結局は、外国人に対する憲法の基本的人権の保障は、「**在留の許否を決する国の裁量を拘束するまでの保障、すなわち、在留期間中の憲法の基本的人権の保障を受ける行為を在留期間の更新の際に消極的な事情としてしんしやくされないことまでの保障が与えられているものと解することはできない。**」と結論されている。マクリーン判決の判例としての最重要の核心の判旨部分[18] はここにあると考えられる。

　そうすると、外国人にも基本的人権の保障を原則としてみとめたとされている前述の判決部分は、それ以降の逆転の発想に続く文章の前置きに過ぎないと考えるべきなのではないか。この判決を精読してみた筆者の理解では、これは、いわば傍論[19] に過ぎなかったのではないかと思うのである。だが、これに対しては「独自の見解に過ぎない」との批判はあり得ると思うので、読者のご意見を歓迎したい。

　そう考えると、その直後の判決の以下の文章の意味をよく理解できるよ

---

18　前掲レイシオ・デシデンダイ。
19　オバイタ・ディクタ（*obiter dicta*）。『新版法律学辞典』有斐閣（1952年）76頁。

うになる。最高裁判決は、結局「**在留中の外国人の行為が合憲合法な場合でも、法務大臣がその行為を当不当の面から日本国にとつて好ましいものとはいえないと評価し、また、右行為から将来当該外国人が日本国の利益を害する行為を行うおそれがある者であると推認することは、右行為が上記のような意味において憲法の保障を受けるものであるからといつてなんら妨げられるものではない。**」という結論を導いている。外国人の行為が合憲合法の行為であっても、在留許可の更新手続きのなかでは、広範な裁量権を持つ法務大臣が「当不当の面」から不利益な判断（外国人から見れば、合憲合法の行為に対するある種の懲罰的な意味を持つ処分）をすることが憲法上許されるという論理が導かれている。筆者は、ここにこそマクリーン判決の判例としての意義を認めるべきではないかと考える。

⑤結論：本件処分に違憲の問題は生じない

いよいよ最終結論だが、最高裁判決は、この問題に関する結論を以下のように判示している。

前述の上告人の在留期間中のいわゆる政治活動は、その行動の態様などからみて直ちに憲法の保障が及ばない政治活動であるとはいえない。しかしながら、上告人の右活動のなかには、わが国の出入国管理政策に対する非難行動、あるいはアメリカ合衆国の極東政策ひいては日本国とアメリカ合衆国との間の相互協力及び安全保障条約に対する抗議行動のようにわが国の基本的な外交政策を非難し日米間の友好関係に影響を及ぼすおそれがないとはいえないものも含まれており、被上告人が、当時の内外の情勢にかんがみ、上告人の右活動を日本国にとつて好ましいものではないと評価し、また、上告人の右活動から同人を将来日本国の利益を害する行為を行うおそれがある者と認めて、在留期間の更新を適当と認めるに足りる相当

の理由があるものとはいえないと判断したとしても、その事実の評価が明白に合理性を欠き、その判断が社会通念上著しく妥当性を欠くことが明らかであるとはいえず、他に被上告人の判断につき裁量権の範囲をこえ又はその濫用があつたことをうかがわせるに足りる事情の存在が確定されていない本件においては、被上告人の本件処分を違法であると判断することはできないものといわなければならない。また、被上告人が前述の上告人の政治活動をしんしやくして在留期間の更新を適当と認めるに足りる相当の理由があるものとはいえないとし本件処分をしたことによつて、なんら所論の違憲の問題は生じないというべきである。

### 5. マクリーン最高裁判決の影響と評価

マクリーン最高裁判決は、その後の日本にどのような影響を与えたであろうか。

筆者の当面の関心は、「憲法第三章の諸規定による基本的人権の保障は、権利の性質上日本国民のみをその対象としていると解されるものを除き、わが国に在留する外国人に対しても等しく及ぶ」と判示したことがその後の日本の教育行政にどのような影響を与えたか？という問題に答えることである。

文部科学省担当官による前記『ハンドブック』は、この判決が出された1979年よりも14年も後である1993年に出版された。だがこの『ハンドブック』は憲法26条（憲法第3章にある）の文字通りの解釈に固執している。子どもの義務教育への権利は、国政選挙への参政権などとは違って、権利の性質上、日本国籍の有無とは関係がなく、人であれば誰にでも保障されなければならない権利と言えるのではないだろうか。しかし、前述のとおり、日本の行政解釈は、日本籍の子どもに保障される義務教育を受ける権利を、外国籍の子どもに及ぼすようには憲法解釈を拡張していない。その

ため多くの外国籍の子どもたちは、不就学のままに放置されている。故本
岡昭次参議院副議長の努力[20] も、筆者の研究成果[21] も全く無視されたまま

---

20　本岡昭次議員の政治活動については、本岡昭次『政界再編の戦国時代を生き
る——社会党から民主党へ』（ひょうご芸術文化センター、2004年）。外国籍の
子どもの権利については、本岡昭次「外国人の子どもの「教育を受ける権利」」
『国際人権法政策研究』通算３号、2006年11月。

21　戸塚悦朗「外国籍の子どもの教育への権利と教育法制——国際人権法の視点
から教育基本法「改正」問題を振り返る——（その１）」龍谷法学40巻１号、
2007年６月38-71頁。
　　http://ci.nii.ac.jp/els/110007058184.pdf?id=ART0008988673&type=pdf&lang
=jp&host=cinii&order_no=&ppv_type=0&lang_sw=&no=1380112699&cp=
　　同「外国籍の子どもの教育への権利と教育法制——国際人権法の視点から教
育基本法「改正」問題を振り返る——（その２）」龍谷法学43巻２号、2010年９
月168-197頁。
　　http://repo.lib.ryukoku.ac.jp/jspui/bitstream/10519/1073/1/r-ho_043_02_005.
pdf
　　同「外国籍の子どもの教育への権利と教育法制——国際人権法の視点から教
育基本法「改正」問題を振り返る——（その３）」龍谷法学43巻３号、2011年３
月178-210頁。
　　http://repo.lib.ryukoku.ac.jp/jspui/bitstream/10519/1085/1/r-ho_043_03_007.
pdf
　　同「外国籍の子どもの教育への権利と教育法制——国際人権法の視点から教
育基本法「改正」問題を振り返る——（その４）」龍谷法学43巻４号、2011年３
月197-231頁。
　　http://repo.lib.ryukoku.ac.jp/jspui/bitstream/10519/1096/1/r-ho_043_04_006.
pdf
　　同「外国籍の子どもの教育への権利と教育法制——国際人権法の視点から教
育基本法「改正」問題を振り返る——（その５）』龍谷法学44巻１号、2011年７
月92-141頁。
　　http://repo.lib.ryukoku.ac.jp/jspui/bitstream/10519/1399/1/r-ho_044_01_004.
pdf
　　同「外国籍の子どもの教育への権利と教育法制——国際人権法の視点から教
育基本法「改正」問題を振り返る——（その６）』龍谷法学44巻２号、2011年９
月118-178頁。
　　http://repo.lib.ryukoku.ac.jp/jspui/bitstream/10519/1412/1/r-ho_044_02_005.
pdf
　　同『日本の教育はまちがっている』アジェンダ・プロジェクト、2013年。

に今日に至っている。

　不幸なことだが、「憲法第三章の諸規定による基本的人権の保障は、権利の性質上日本国民のみをその対象としていると解されるものを除き、わが国に在留する外国人に対しても等しく及ぶ」というマクリーン最高裁判決の部分は、傍論的な判示に過ぎないのではないか？という筆者の仮説は、実証されているように思う。

　筆者が、マクリーン最高裁判決の核心（レイシオ・デシデンダイ）と見た判示部分は、「外国人に対する憲法の基本的人権の保障は、右のような外国人在留制度のわく内で与えられているにすぎない」「在留の許否を決する国の裁量を拘束するまでの保障、すなわち、在留期間中の憲法の基本的人権の保障を受ける行為を在留期間の更新の際に消極的な事情としてしんしやくされないことまでの保障が与えられているものと解することはできない。」という判示部分である。この判断をわかりやすくかみ砕くなら、在留期間を過ぎてしまえば、外国人には憲法上の権利は保障されていないという結論にさえ見えてくる。これは極端な読み方であるかも知れない。筆者は、最高裁判決がそこまで言い切っているとは断定はしないが、一般の人々ばかりか、行政実務に携わる人々、とりわけ入管職員たちが単純に読めば、このような思想と風潮を招く恐れがあると思われる。

　その結果起きているのが、冒頭で上げた事例のように、在留期間を徒過して入管施設に収容された被収容外国人に対し、人間を人間と思わないような極めて非人道的な処遇を加えるという行政実務であると考えても不自然ではない。筆者は、マクリーン最高裁判決が、「在留期間が終われば、外国人には基本的人権はない」という誤解を生む素地をはぐくんだのではないかと危惧する。少なくとも、マクリーン最高裁判決は、入管実務の暴走を防止する歯止めにはならなかったのではないか。

　在留期限を過ぎた外国人の命が奪われ続けている現在の入管行政実務に恐るべき影響を与え続けてきたのはマクリーン最高裁判決のみではないだ

ろう。この最高裁判決は、大法廷によって全員一致で出されていることに注目すべきである。少数意見がない。最高裁の判断は、日本社会に広く共有されている外国人に対する「非寛容」な態度とやさしさの欠如の現れであると思う。それは、外国人を切り捨てていた、江戸時代末期の「尊王攘夷」の雰囲気をさえも引きづっているのかもしれない。現代の日本の入管行政担当者の間には、在留期限を過ぎた外国人の法的地位について、「国際法上の原則から言うと「煮て食おうと焼いて食おうと自由」なのである」という思想があると識者は言う[22]。

### 6．マクリーン最高裁判決を乗り越える出口はないのか

このような日本社会が外国人を同じ人類の一員として受け入れることができるようになるまでにはかなり長い多難なプロセスが必要であろう。そのプロセスを加速するために、私たちには何ができるだろうか。

①まず、マクリーン最高裁判決を理解しなおすことから始める必要があるのではないだろうか。入管行政の非寛容と戦ってきた多数の市民運動と良心的弁護士の活動に注目してみたい。多数の論説があるであろうが、そのすべてを研究する余裕が今ない。インターネットのマクリーン最高裁判決を検索した際、目にすることができた「Web日本評論」のウェブサイトで、空野佳弘弁護士による「私の心に残る裁判例」（法律時報、2020.02.03）「（第20回）マクリーン最高裁大法廷判決の弊害」[23]と題する

---

22　田中宏『在日外国人第三版――法の壁、心の溝』岩波新書（新赤本）岩波書店2013年、26頁。児玉晃一弁護士のブログnote https://note.com/koichi_kodama/n/n25f2f086525f　2021年9月24日閲覧でも確認できた。児玉弁護士は、「1965年、法務省入国参事官であった池上努の著書『法的地位200の質問』です。167頁「第160問」の回答に（外国人は）「煮て食おうが焼いて食おうが自由」と本当に書いてあります。…かつて、国会でも取り上げられました。」と、昭和44年7月27日の衆議院法務委員会議事録（抄）を添付している。

23　（第20回）マクリーン最高裁大法廷判決の弊害（空野佳弘）私の心に残る裁↗

エッセイを読むことができた。

　このエッセイは、この最高裁判決【判例時報903号3頁掲載】を、「憲法の基本的人権の保障は、権利の性質上日本国民のみを対象としているものを除き、外国人にも等しく及ぶとしながら、保障された政治活動を不利益に斟酌した法務大臣の在留期間更新の不許可処分を違法ではないとした事例」として紹介している。「…しながら、…」という表現で、筆者の理解と同じ評価に基づいて最高裁判決を要約していることが印象的である。

　空野弁護士は、2019年の秋に大阪地裁で敗訴したペルー人家族の事例をあげながら、子どもの権利条約の子どもの最善の利益原則を無視した裁判官の判断を招いたマクリーン最高裁判決の「弊害」について次のように指摘している。

　「このようなことが可能となる背景には、40年以上前のマクリーン事件最高裁判決が存する。この判決は、外国人は憲法上わが国での在留の権利や引き続き在留することを要求する権利は保障されていないということを出発点として、在留期間の更新事由の存否の判断は法務大臣の広範な裁量に任されており、判断の基礎とされた重要な事実に誤認があることなどにより判断が全く事実の基礎を欠くか、または事実に対する評価が明白に合理性を欠くことなどにより、判断が社会通念に照らして著しく妥当性を欠くことが明らかな場合だけ、裁量権の逸脱ないし濫用により違法となるとした。

　その結果、英語教師であった米国籍のマクリーン氏の在留期間更新申請についてベトナム反戦デモへの参加等を理由になした法務大臣の不許可処分を適法とした。また、この判決は、外国人の基本的人権の保障は外国人在留制度の枠内で保障されているにすぎず、在留の許否を決する

---

↘ 判例｜　2020.02.03。https://www.web-nippyo.jp/16964/　2021年9月24日閲覧。

国の裁量を拘束するまでの保障は及ばないとした。この事案では憲法上の権利の行使として認められる政治活動さえも不利益に斟酌してよいとする判断であった。この判決に無批判的に従うと、行政の裁量権を限りなく広くとらえ、外国人の痛みを顧みず、個別事案の慎重な審理をおろそかにする下級審の裁判官が少なからず出てきても不思議ではない。このマクリーン最高裁判決は、外国人が多数居住する今日にあって、弊害を生み出しているように思える。」

　空野弁護士の見方は、筆者の認識と一致する。外国人の代理人として活動し、このような無念な体験をした弁護士は、数えきれないほどの数にのぼるだろう。そのような弁護活動の蓄積が将来の展望を開く力になるのではないだろうか。

②それでは、マクリーン最高裁判決を乗り越える出口はないのか？を研究すべきであろう。

　空野弁護士は、「大阪高裁2013年12月20日判決（判例時報2238号3頁）のように、行政が自ら定めた在留特別許可のガイドラインの趣旨が手続の透明性及び公平性にあることに着目し、裁決時小学校2年生を含むペルー人家族の訴えを認め不許可裁決を取り消した判決も存する。平等原則を裁量統制に持ち込んだものと見なしうる。このほか事実認定の過誤を正すことや、比例原則を適用して処分を取り消すなど、憲法に基づく法の一般原則により行政裁量を統制せんとする裁判例の流れも存する。」と司法の新しい流れに注目し、「これらの判決はマクリーン最高裁判決に無批判的に従うのではなく、個別ケースにおける事案の深刻さを正面からとらえて司法の職責を果さんとするものだと考えられる。」と司法の職責が成果を生むことを期待している。

　そのうえで、『自由と正義』（2011年2月号）で、泉徳治元最高裁判事（現在弁護士）が、「マクリーン基準のあまりに緩やかな表現に便乗して、

裁量権統制の諸法理を踏まえた個別審査を実質的に回避するようなことは許されない。個別審査も、憲法、条約等に従って行わなければならない。」「マクリーン基準を楯にした抽象的・観念論よりも、実態を重視し、具体的に公正妥当な結論を求めていくべきである。本稿で紹介した判例は、ゆっくりとした足取りながら、裁判実務がその方向に向かっていることを示している。人権判断の国際水準適合性を目指して、更なる判例の積重ねを期待したい」と提言していることを紹介している。

③実際、2021年9月22日東京高裁が画期的な判決[24]を言い渡したことが即日報道された。筆者は、判決直後に日弁連の関連委員会で、第1審の東京地裁判決による原告敗訴判決を東京高裁が覆したことを被害者代理人である指宿昭一弁護士から直接知らされる幸運に恵まれた。同日中に、数多くの報道がなされたので、多くの読者がこのニュースをすでに熟知しているのではないかと思う。

毎日新聞[25]は、「難民認定申請の棄却を告げた翌日にスリランカ人男性2人を強制送還した入管当局の対応を「違憲」と断じた22日の東京高裁判決は「裁判を受ける機会を奪うことは許されない」と国を厳しく批判した。原告の弁護団は「画期的な判決」と高く評価し、入管の対応改善を求めた。「今回のような強制送還の例はよく聞く。こうした手法はもう取ることができなくなるのではないか」。判決後に記者会見した弁護団の高橋済弁護士は判決が持つ意義を強調した。原告の50歳と60歳の男性は2000年前後に

---

24 2021年9月22日言渡し東京高等裁判所判決（令和2年（ネ）第1423号国家賠償請求控訴事件）控訴人スリランカ民主社会主義共和国Ｘ1ほか1名・被控訴人国。裁判部は第12民事部：裁判長裁判官平田豊・裁判官中久保朱美・裁判官井出弘隆。

25 毎日新聞「弁護団「画期的」スリランカ人強制送還「違憲」入管に改善求める」2021/09/22 21:03。https://www.msn.com/ja-jp/news/national/ 2021年9月24日閲覧。

短期滞在の在留資格で入国。ともに不法残留で入管施設に収容された。迫害の恐れなどを理由に難民認定を求めたが、いずれも退けられ、国がチャーターした飛行機で強制送還された」と報道した。

この画期的な2021年９月22日東京高裁判決については、児玉晃一弁護士のブログnote[26] が「進化した2021年９月22日東京高裁判決〜１月13日名古屋高裁判決との比較」として主な報道だけでなく、判決全文を添付のうえ速報している。児玉弁護士によれば、東京高裁判決は、2021年１月13日の名古屋高裁判決[27] が「先陣を切ってくれたからこそ存在するのではないか、と思っていますが、単なる追随ではなく、いくつかの面で明らかな進化を遂げています。」「名古屋高裁判決は、裁判を受ける権利を保障する憲法32条や適正手続きを保障する憲法31条には違反しないと判断しています。…ただ、憲法違反ではないけども、司法審査を受ける機会を奪ったのが違法だ、という判断をしているのです。これに対して、今回の東京高裁判決は、以下のとおり、憲法32条および憲法31条の適正手続の保障およびこれと結び付いた憲法13条に反すると明確に判断しました。」というのである。児玉弁護士のブログから、東京高裁判決の該当部分を引用すると以下のとおりである。

　　　以上によれば、入管職員が、控訴人らが集団送還の対象となっていることを前提に、難民不認定処分に対する本件各異議申立棄却決

---

26　児玉晃一弁護士のブログnote「進化した2021年９月22日東京高裁判決〜１月13日名古屋高裁判決との比較」https://note.com/koichi_kodama/n/n0b0b17f4f819　2021年９月24日閲覧。

27　児玉弁護士のブログnote（2021年２月１日）「司法審査の機会を奪ったチャーター便送還を違法とした2021年１月13日名古屋高裁判決確定しました〜その意義について」によれば、「2021年１月13日、名古屋高裁民事第２部（萩本修裁判長）は難民申請の異議棄却を告げられた翌日に強制送還された男性について、司法審査を受ける機会を奪った違法な強制送還であったと認め、国に賠償を求める判決を下しました。」という。

定の告知を送還の直前まで遅らせ、同告知後は事実上第三者と連絡することを認めずに強制送還したことは、控訴人らから難民該当性に対する司法審査を受ける機会を実質的に奪ったものと評価すべきであり、憲法32条で保障する裁判を受ける権利を侵害し、同31条の適正手続の保障及びこれと結びついた同13条に反するもので、国賠法１条1項の適用上違法になるというべきである。

　要するに、在留期間が過ぎたのちに受けた裁判を受ける権利のはく奪という被害について、外国人が提起した国家賠償請求事件で、東京高裁判決が在留期間を過ぎたのちの外国人の憲法上の権利（第32条裁判を受ける権利・第31条適正手続の保障・第13条幸福追求権）[28] の侵害を認めたというのである。憲法第13条の権利主体について憲法が「国民」としか規定していないにもかかわらず、在留期間を過ぎた外国人についてその侵害を認定したことに注目すべきであろう。これは、在留期間を過ぎた外国人に憲法上の権利を限定付きでしか保障しなかったマクリーン最高裁判決を明らかに乗り越えている。

　国は、上告するのだろうか？上川陽子法務大臣は、「本件訴訟の対応については,判決内容を十分に精査し,適切に対応することになります」としているが、上告する可能性も十分ある[29] と筆者は予測していた。しかし、

---

28　憲法第13条　すべて国民は、個人として尊重される。生命、自由及び幸福追求に対する国民の権利については、公共の福祉に反しない限り、立法その他の国政の上で、最大の尊重を必要とする。
　　同第31条　何人も、法律の定める手続によらなければ、その生命若しくは自由を奪はれ、又はその他の刑罰を科せられない。
　　同第32条　何人も、裁判所において裁判を受ける権利を奪はれない。
29　法務大臣閣議後記者会見の概要令和３年９月24日（金）
　　https://www.moj.go.jp/hisho/kouhou/hisho08_00234.html　2021年９月29日閲覧。
　（筆者注記：関係部分のみを以下に抜粋する）
東京高等裁判所における国家賠償請求訴訟判決に関する質疑について　　　　↗

国は上告を断念し、10月6日の上告期限を途過し、高裁判決は確定した。
日本の司法は、きわめて重要な転機を迎えているのである。

---

【記者】

9月22日に東京高等裁判所で,2014年12月に難民不認定処分への異議申立棄却決定の告知の翌日に,チャーター便で集団強制送還させられたスリランカ人男性2人が起こした国賠訴訟の控訴審判決があり，地裁判決を取り消して，控訴人が逆転勝訴するという内容でした。

内容は，「異議申立ての棄却決定の告知を強制送還直前にまで遅らせて，告知後に事実上弁護士等の第三者に連絡することを認めずに強制送還したことは，控訴人から難民該当性に対する司法審査を受ける権利を奪った。」と評価して，裁判を受ける権利を侵害し，適正手続にも違反するという，憲法違反にも踏み込んだ判決内容でした。

このときのチャーター便の強制送還は，ベトナム人とスリランカ人の計32人だったと思うのですが，集団送還されました。このときの大臣が上川法務大臣でした。大臣はどのような人が集団強制送還されたのか，今回の裁判のような実態を御存じだったのでしょうか，これが1点目です。

また，先の国会で審議された入管法改正案において，難民申請者の難民停止効の例外規定を設けるということが，難民条約に違反する可能性があるということで，UNHCRなどからも厳しい意見が出されました。国際人権法上の観点からも，今回，憲法違反ではないかという認定も高裁判決で出たわけですが，その難民申請者の退去強制の在り方の現状について，大臣はどのように考えていらっしゃるのか。今回の判決を受け入れて，現行の難民申請者に対する退去強制手続の在り方を見直すような考えを持っていらっしゃるのかどうか，この2点についてお答えください。

【大臣】

お尋ねの判決があったことは承知しています。

本件訴訟の対応については，判決内容を十分に精査し，適切に対応することになります。

御指摘の事案については，従来，出入国在留管理庁において送還を拒む者の集団送還を円滑に実施する中で行われていたものであると認識をしています。

出入国在留管理庁においては，本年1月の同種送還に係る国家賠償請求訴訟についての名古屋高等裁判所の判決を踏まえ，本年6月に通達を発出し，難民審査請求に理由がない旨の裁決の通知を受けた被退去強制者について，送還計画を立てた上で当該者に送還予定時期を告知すること，また，送還予定時期は，裁決告知から2か月以上後にすることを原則とすることなど，既に運用を変更しています。

（まとめ）

　この重要な転機にあたって、筆者は、最高裁判所と日本政府に以下のことについて熟慮することを要望したい。

　それは、「時代は変わる。」ということである。

　マクリーン最高裁判決の当時（1978年）には、法務大臣は、マクリーン氏（上告人）の政治活動について「当時の内外の情勢にかんがみ、上告人の右活動を日本国にとつて好ましいものではないと評価し、また、上告人の右活動から同人を将来日本国の利益を害する行為を行うおそれがある者と認め」たというのである。この法務大臣の認識がマクリーン氏の在留期間更新を拒否する判断につながった。そして、最高裁大法廷は、この法務大臣の「事実の評価が明白に合理性を欠き、その判断が社会通念上著しく妥当性を欠くことが明らかであるとはいえず」として、法務大臣の在留期間更新申請を拒否する判断を全員一致で承認する判決を下した。

　こうして、1978年に日本の政府と最高裁判所は、「ベトナム反戦」を唱えたことをもって、若い米国の英語教員を実質的に追放し、その言論・表現の自由を封じた。それがマクリーン事件の核心である。

　それから43年経った。

　今でも、マクリーン氏の在留期間更新申請を拒否した判断は正しかったと言い続けることはできるだろうか？

　2021年の現在の世界では、この法務大臣の認識と最高裁大法廷の判断はそのまま維持できるだろうか？という問題である。この最高裁判決自らが、「当時の内外の情勢にかんがみ、…」と本音を吐露しているかに見えるのも、「先のことはともかく、今は…」という最高裁大法廷の裁判官たちのその場限りの政治判断がこの判決の背景にあったことをうかがわせる。

　実は、この当時でさえも、もし法務大臣と最高裁大法廷の裁判官たちが当時の米国の国内情勢に精通していたなら、そして曇りない目で世界の歴史と国際情勢を正確に把握することができていたなら、このような判断に

は至らなかったのではないだろうか。

　2020年大統領選挙に勝利したバイデン大統領は、1972年29歳の若さでデラウェア州から上院議員選挙に立候補して当選した。バイデン候補は、その選挙戦に際してベトナムからの米軍の撤退を公約として掲げていた[30]。前述したマクリーン事件第１審の東京地裁判決（1973年３月27日）は、「米国のベトナム政策については、人道上、外交上の見地からの批判が存し、米国内においても反対の意見が少なくないことは公知の事実である」[31]と的確に認定している。「反対の意見が少なくない」という認定は極めて控えめな判断であって、実際は米国内のベトナム反戦の世論は圧倒的多数に支えられていた。だからこそ、バイデン上院議員が選出され、実際に米軍のベトナムからの撤退が実現したのである。1978年当時の法務大臣の判断は正鵠を得ていなかった。今では、マクリーン氏の認識と主張の方が米国の世論と一致していたとみるべきであろう。

　少し角度を変えて考えてみたい。

--------

30　"Biden's campaign focused on withdrawal from Vietnam, the environment, civil rights, mass transit, more equitable taxation, health care, the public's dissatisfaction with politics-as-usual, and "change"." 1972 United States Senate election in Delaware From Wikipedia.

　　https://en.wikipedia.org/wiki/1972_United_States_Senate_election_in_Delaware visited on Sep. 26, 2021. この部分の注には、Moritz, Charles, ed. (1987). Current Biography Yearbook 1987. New York: H. W. Wilson Company., p. 43. 及びNaylor, Brian（October 8, 2007）. "Biden's Road to Senate Took Tragic Turn". NPR. Retrieved September 12, 2008. が挙げられている。

31　このような認定に基づいて、東京地裁判決は、「米国人である原告が本国の行ないつつある右政策に対し、滞在地である日本国内において自己の見解を表明し、主として在日米国人に対して反戦を呼びかける行為（ロジヤーズ国務長官来日反対の行動も同趣旨に出たものと解される。）は、政治活動というよりは、むしろ一米国人としての自然の思想表現であつて、これをもつてわが国の政治問題に対する不当な容喙とみることはできず、このために日本国民および日本国の利益が害される虞れがあるということもできない。」と判断している。

そのバイデン大統領の下にある今の米国政府は、何を考えているだろうか？という視点からも見る必要がある。最近注目すべき出来事が起きた。前述した2021年9月22日の画期的な東京高裁判決を勝ち取った指宿昭一弁護士は、米国の国務省から人身売買と闘う「ヒーロー」として授賞していたという明るいニュース[32] がある。米国国務省が2021年7月1日発表した世界各国の人身売買に関する2021年版報告書の記載を契機に報道されたものだ。「外国人技能実習制度の問題」への同弁護士の顕著な貢献が評価されたことが授賞理由である。しかし、筆者は、それにとどまらず、日本政府による外国人のヒューマンライツの侵害問題についての米国政府の厳しい視線がどこに向けられているかという視点からこの授賞の背景を考察することもできるのではないかと思うのである。

---

32　東京新聞（Tokyo Web）「人身売買と闘う「ヒーロー」に指宿昭一弁護士、米国務省「技能実習制度を数年内に廃止に追い込む」」（2021年7月2日 12時06分）は、「【ワシントン共同】米国務省は1日発表した世界各国の人身売買に関する2021年版の報告書で、人身売買と闘う「ヒーロー（英雄）」に、日本の外国人技能実習制度の問題に取り組む東京の指宿昭一弁護士らを選んだ。日本人が選ばれたのは2013年以来で、2人目とみられる。指宿氏は報告書発表に伴うオンライン会合にメッセージを寄せ「外国人技能実習制度は人身取引と中間搾取の温床になっている。この制度を数年内に廃止に追い込むつもりだ」と強調した。報告書では、指宿氏に関し「外国人労働者の権利を守る不屈の擁護者」と称賛。「日本の技能実習制度において、強制労働の被害者を支援し、虐待を防ぐため、精力的に取り組んできた」と評価した。指宿氏は外国人技能実習生問題弁護士連絡会共同代表などを務めている。最近では、名古屋出入国在留管理局の施設に収容され、今年3月に死亡したスリランカ人女性ウィシュマ・サンダマリさんの遺族も支援し、死亡経緯の説明を当局に求めている。」と報道している。
　https://www.tokyo-np.co.jp/article/114164　2021年9月25日閲覧。

# 外国人のヒューマンライツ（その２）
## ——ヒューマンライツを保障する国際法の視点

## （はじめに）

　日本国憲法のもとで「人権」は、原則として日本「国民」に対して保障される国内法上の権利である。その憲法以下の国内法が外国人に対してどのように向き合ってきたかについて、前号で報告した。

　これに対して、国連憲章（第１条第３項）が国連の目的の一つとして定める「ヒューマンライツ」（Human Rights）[1] は、人間ならだれでも持っ

---

1　UN Charter Article 1. "3. To achieve international cooperation in solving international problems of an economic, social, cultural, or humanitarian character, and in promoting and encouraging respect for human rights and ↗

ている国際法で保障される権利を言う。両者が保障する権利の内容も同じではないし、その保障手続も違う。ところが、その違いが十分に理解されていないために、日本ではヒューマンライツの尊重が遅々として進まないのである[2]。ここでは、ヒューマンライツを保障する国際法の視点について述べたい。

　前号の（その１）の（まとめ）で、「時代は変わる。」と書いたが、そこでは、「ベトナム反戦」についての世界的な認識の変化について述べた。だが、実はマクリーン最高裁判決（1978年）の直後である1979年に、もう一つの画期的な変化がおこった。それは、日本と国際社会のかかわり方についての大変化だった。これまで体験したことがなかったのであるが、国際法によるヒューマンライツの保障の時代が日本にも到来したのである。

## 第２．日本の社会と人々は、人間(human)に対してどう向き合って行くべきなのか

### １．日本がヒューマンライツを保障する国際法を不完全受容

　日本の最高裁判所がマクリーン判決を言い渡した1978年10月４日には、日本はヒューマンライツを保障する国際条約である経済的、社会的及び文化的権利に関する国際規約（社会権規約）も市民的及び政治的権利に関する国際規約（自由権規約）も、自由権規約の選択議定書[3]も未批准だった。

　ヒューマンライツに関する日本の条約加盟は遅れて、自由権と社会権の

---

　for fundamental freedoms for all without distinction as to race, sex, language, or religion".
2　戸塚悦朗『人権の尊重が日本で進まないワケ──「慰安婦」問題とヒューマンライツ　講演録』アムネスティ・インターナショナル日本関西連絡会、2016年。
3　世界ヒューマンライツ宣言（1948年国連総会採択）に加えて、それを法的拘束力のある多国間条約によって実現しようとして1966年に国連総会が採択した、経済的社会的及び文化的権利に関する国際規約（社会権規約）、市民的及び政治的権利に関する国際規約（自由権規約）及び後者である自由権規約の選択議定書の３つの条約を合わせて、一般に国際ヒューマンライツ章典と呼んでいる。

両国際ヒューマンライツ規約〔1966年に採択〕の批准（1979年6月21日）は、やっと1979年に実現した。採択から13年後だった。遅まきながら、日本国内に世界ヒューマンライツ宣言の定めがそれを具体化した国際条約を受容する形で導入されることになった。筆者は、憲法第98条第2項[4]によって、日本国が締結した条約を遵守することを義務付けられていることが極めて重要であると指摘し続けてきた[5]。裁判所は、「日本国が締結した条約」を適用しなくてはならない。通説は、条約は法律より優位であるとしている。

　2つの国際規約の批准のための国会審議は、1979年の通常国会（第87回国会）の衆参両議院外務委員会で7日間審議され、6月6日参議院本会議で全会一致により承認され[6]、国会承認がなされた。今から振り返って国会審議録を読んでみても、全体を通じて大きな波乱もなく審議が進み、全会一致で承認された。この事実からは、与野党ともに政府の方針について基本的に歓迎する雰囲気が感じられる。しかし、衆参両院外務委員会の国会審議録からは、今日的な多くの課題がすでにこのときに論議されていたことを確認できるのであって、その内容には興味深いものがある。

　問題は、日本の国際ヒューマンライツ規約の批准は、不完全だったことだ。解釈宣言や留保の問題もあるが、中でも大きな問題は、自由権規約委員会への個人通報権を封じた政策であった。この政策が後々まで日本におけるヒューマンライツの進歩を妨げたことが悔やまれる。日本政府が個人通報権手続を保障する自由権規約（第1）選択議定書の批准を見合わせたことが日本の法制度の致命的欠陥を招いたのである。その問題に関する論

---

4　憲法第98条第2項　日本国が締結した条約及び確立された国際法規は、これを誠実に遵守することを必要とする。

5　戸塚悦朗『国際人権法入門──NGOの実践から』明石書店、2003年、第1章。

6　第87回国会参議院本会議会議録第17号（昭和54年6月6日）、1-10頁。
　https://kokkai.ndl.go.jp/#/detailPDF?minId=108715254X01719790606&page=1&spkNum=0&current=22　2021年10月12日閲覧。

議が掲載された国会会議録（衆議院外務委員会5号）の一部を（資料1）として添付した。

　1979年3月23日の衆議院外務委員会における審議の冒頭で、渡部朗議員（民社党）が自由権規約の選択議定書の締結問題を取り上げて政府を追及した。政府側は、選択議定書には署名していず、国会承認を求めてもいないということから、参考資料としても選択議定書を外務委員会に配布していなかったという「大変手落ち」を冒していたことを認め、謝罪した。

　渡部朗議員は、「…これは大変重要なことだと思うのです。というのは、この選択議定書にのっとって締約国の個人からの通報を審議し見解を述べる制度、こういうものが実施されるわけでございますから、ある意味ではこれは実施措置だと私は解釈いたしますが、いかがでございましょう。」と質問した。

　これに対して、賀陽政府委員（外務省国連局長）は、「選択議定書は個人の出訴権を前提とした議定書でございまして、これはまた後ほどいろいろ御質問も賜るかと思いますけれども、個人の救済制度として果たして実際に機能いたしますかどうか、相当疑問な点があるという判断をわれわれは持っておりまして、この採択におきましても棄権の国が非常に多かったわけでございます。そういう観点から、われわれとしてはこの選択議定書に加入することを当面考えておりませんので、そういう形で御承認を求めていないというのが経緯でございます。」と回答している。当時の外務省は、この個人通報制度に「相当疑問な点がある」との評価をしていて、「この議定書に加入することを当面考えておりません…」と回答していることに注目すべきである。

　衆参両議院の審議を通じて、政府側は、この回答を維持し、個人通報権を阻止した。つまり、国際法によって保障されているはずのヒューマンライツの日本による受容は、きわめて不完全であり、政府の不作為によってその欠陥状態（手続的な制度的保障がない）がその後42年も維持され続け

てきたことに注目すべきである。

　国会審議はかなり充実していて、多くの問題点についての論議がなされている。それぞれの問題についての研究にあたっては、第1歩としてこのときの審議から始めるのが適当であろう。しかし、多岐にわたるのでここでは、各論には触れない。

　ただし、不完全受容に関わる重要な問題点については、衆参両院の外務委員会が全会一致で超党派の決議を採択していることについては、ここでも取り上げておきたい。衆議院外務委員会の決議は、（資料2）として末尾に掲載した。選択議定書については、両決議共に同文で、「選択議定書の締結については、その運用状況を見守り、積極的に検討すること。」と決議している。国会決議が見守るとしている選択議定書の「運用状況」については、注記[7]するように、着実に研究が進み日本語文献が蓄積してきている。

　他の決議事項については、両院の決議は、一見同旨とも見えるが、注意深く読むとその書きぶりは微妙に異なっている。例えば、外国人のヒューマンライツについては、衆議院外務委員会は、「すべての者は法の前に平等であり、人種、言語、宗教等によるいかなる差別もしてはならないとの原則にのっとり、外国人の基本的人権の保障をさらに充実するよう必要な

---

7　①国際人権規約翻訳編集委員会編；編集代表 宮崎繁樹『国際人権規約先例集：規約人権委員会精選決定集第1集』東信堂，1988年12月。②アルフレッド・デザイアス外著・第2東京弁護士会訳『国際人権「自由権」規約入門──「市民的及び政治的権利に関する国際規約の選択議定書の下における適用』明石書店、1994年。③国際人権規約翻訳編集委員会編；編集代表 宮崎繁樹『国際人権規約先例集：規約人権委員会精選決定集第2集』東信堂、1995年2月。④日本弁護士連合会編著『国際人権規約と日本の司法・市民の権利：法廷に活かそう国際人権規約』こうち書房、桐書房（発売），1997年6月。⑤英語では、国連ヒューマンライツ高等弁務官事務所ウェブサイトなどから閲覧できるが、自由権規約についての代表的な出版された書物形式のコンメンタールとしては、William A. Schabas, *U.N. International Covenant on Civil and Political Rights: Nowak's CCPR commentary*, N.P. Engel 2019 3rd rev. ed.

措置を講ずること。」としている。これに対し、参議院外務委員会は、「す
べての者は法の前に平等であり、人種、言語、宗教等によるいかなる差別
もしてはならないとの原則にのつとり、在留外国人の基本的人権の保障を
さらに充実するよう必要な措置を講ずること。」としている[8]。対象者を
「外国人」（衆議院）と「在留外国人」（参議院）と書き分けている点で違
いがある。決議事項も完全に同じではないので、注意を要する。

　いずれにしても、園田外務大臣は、両決議について、「ただいま採択さ
れました本決議につきましては、政府としては当然の義務であり、今後と
もこの決議の趣旨を踏まえ、最善の努力をいたす所存でございます。」と
約束している。だから、決議事項についての政府としての政治的な責任の
基礎はここから始まっているとみてよい。


## ２．不完全受容を生んだ原因はどこにあったのか？

　1979年のヒューマンライツを保障する国際法の不完全受容を生んだ原因
は多面的である。もちろん政府（外務省）の提案にも国会の審議活動にも
不十分な点があり、双方に政治的責任がある。しかし、学界、法曹界、市
民社会、メディアなどのこの問題についての研究も検討も不十分だったこ
とも、不完全受容の原因となっていると言わざるを得ない。政府と国会の
不十分さは、その反映と考えるべきなのではないか。

　後にこの問題に取り組みだした筆者も、自らの無知と不勉強がその原因
の一端を担っていたことを反省している。筆者は、1980年代初頭以前には、
自由権規約もその選択議定書も社会権規約も、それらの存在自体を全く知
らなかったのである。

---

8　国会会議録検索システム第87回国会参議院外務委員会第15号昭和54年6月5
　日
　　https://kokkai.ndl.go.jp/#/detail?minId=108713968X01519790605&spkNum=
　226&current=1　2021年11月7日閲覧。

　ヒューマンライツを保障する国際法の重要性に筆者が気づいたのは、今から40年も前の1980年代初頭のことだった。当時、第二東京弁護士会の人権擁護委員会で精神医療人権部会担当の副委員長だった筆者は、精神病院への恣意的拘禁による人権侵害事例を調査していた。私たちは、精神病院への拘禁事例について「裁判所で解放決定を受ける権利」を認めた欧州人権裁判所の1979年ウィンターウェルプ判決（欧州ヒューマンライツ条約５条に関する判例）を研究し、日本でも自由権規約９条４項（欧州ヒューマンライツ条約５条４項にそっくりの条文を持つ）によってこの権利を保障すべきだと主張し始めていた。その権利を認めていなかった精神衛生法を改正して国際基準に沿った人権を保障すべきだと訴えたのである[9]。

　ところが筆者の当時の理解は混乱していて、「ヒューマンライツ」（国際法が保障する権利）というべきところを「人権」と表現していた。筆者は、憲法が保障する国内法上の権利である「人権」と国際法が保障する権利である「ヒューマンライツ」の違いに気付いていなかった。

　ただ、筆者は、その当時「国際基準に沿った人権」の実現を唱えたのだから、憲法98条２項（国際法順守義務）に基づいて国際法による権利保障を国内で実施することを主張したことにはなる。この研究成果は、1984年以降ジュネーブ国連ヒューマンライツ小委員会に報告され、国際法律家委員会（ICJ）等による実情調査団の来日が実現した。それらの調査団報告書は、宇都宮病院事件などのスキャンダルの発覚と合わせて日本政府に大きな影響を与え、1987年９月精神衛生法の改正につながった。精神保健法（のちに精神保健福祉法）の成立は、かなり大きな成果ではあった。しかし、筆者が目指した肝心の「裁判所で解放決定を受ける権利」（自由権規

---

9　戸塚悦朗＝光石忠敬＝喜多村洋一「ヨーロッパ人権裁判所判決と精神障害者の人権──迫られる精神衛生法改正」『ジュリスト』779号1982年12月１日、47〜56頁。

約9条4項が保障する手続き）の立法は、実現しなかった[10]。

　1987年9月精神保健法成立後は、第二東京弁護士会人権擁護委員会は、他の委員会の協力も得て、国際法の活用の方策を研究するために、多くの研究者と弁護士の参加を得て、「国際人権セミナー」[11] を開催した。その成果は、第二東京弁護士会『国際人権と日本』（1988年）として公表されている。当時の筆者の関心は、精神衛生法改正運動の結果が限定的だったために、自由権規約9条4項が日本にも義務付けている「裁判所で解放決定を受ける権利」の立法を実現できなかった点にあった。だから、当時関係分野の指導的な立場にあった学識経験者の衆知を集めて打開策を見出すためにもこのセミナーを企画したのだった[12]。

### 3．筆者による選択議定書批准運動とその挫折

　筆者は、精神衛生法改正運動に数年間全力を尽くしたことから、疲労困憊し、バーニングアウト寸前の状態に陥ってしまっていた。精神保健法の

---

10　戸塚悦朗「「精神衛生法改正の評価と問題点」『ジュリスト』1987年5月1日，14〜21頁。その後ロンドン大学に留学し、ヒューマンライツを保障する国際法の日本への導入の方法を研究し、そのための実践にも努めるようになった。日本の大学で教育・研究に携わったのち、2018年になって第二東京弁護士会に再登録し、精神病院によるヒューマンライツ侵害について調査を再開した。ところが、残念ながらこの分野でも他の多くの分野と同じで、未だにヒューマンライツの実現が不十分で、期待したほどの大きな変化がなかったことを思い知らされた。前掲ジュリストで危惧した立法の欠陥が露呈したのである。

11　このセミナーの名称について、芹田健太郎教授（神戸大学）から、「「国際人権」とは何か？そのようなものは存在するのか」という厳しい疑義が出たことを鮮明に記憶している。しかし、当時セミナーの主催者側の責任者だった筆者には明快な回答ができなかった。今思えば、当時の筆者は、国際法の理解が不十分で回答することができなかったのは当然だった。「ヒューマンライツを保障する国際法」というとらえ方を知らなかったのである。なお、このセミナーの開催場所は、第二東京弁護士会旧会館だが、開催日は、1988年11月20日〜21日だった。

12　戸塚悦朗「障害者差別と国際人権基準」前掲『国際人権と日本』107-114頁。

施行をまって、その直後1988年3月からロンドン大学（精神医学院）に客員研究員として留学し、英国の精神保健法の研究を始めた。それは、問題が山積していた日本を離れ環境を変え、心身の健康を回復したかったからでもあった。結果的には、この留学は期待した以上に生産的だった。最大の成果は、1989年からLSEの大学院（LLMコース）に入学し、「ヒューマンライツの国際的保障」セミナー[13] で学ぶことができたことだった。日本で自己流の研究をしていたときには理解できなかった多くの疑問を解く鍵を次々発見できることを体験し、「目からうろこが落ちた」という思いがした。ヒューマンライツを保障する国際法を日本へどのように導入できるか、その方法を考察しつつ、その後国連NGO活動の実践に携わるために必要な基礎を学ぶことができた。

　筆者は、日本がヒューマンライツを拒否する原因は、政治の保守性にあると考えた。そこで保守政治家を説得することが必要になる。国会で論議を起こすことが必要と考え、かねてより親交があった本岡昭次参議院議員（当時社会党）に「国会で首相を説得してほしい」と要請した。

　選択議定書の批准を求める本岡議員の国会質問に対し、歴代の首相、外務大臣は、「積極的に検討」、「締結に向けて努力」、「積極的に努力」、「積極的に判断」、「可及的速やかに全力を挙げて努力」等々と約束したのに、結局実行しなかった。そのことを、改めて本岡昭次参議院議員から政府が厳しく批判されたのは、1991年だった[14]。海部首相は「御指摘の「市民的及び政治的権利に関する国際規約の選択議定書」は、人権の国際的保障の

---

13　ロザリン・ヒギンズ教授担当。International Protection of Human Rights. Core Syllabus: Introduction to the rapidly developing international law of human rights, both at a universal and regional level.

14　本岡昭次参議院議員「市民的及び政治的権利に関する国際規約の第一選択議定書（個人通報制度）批准に関する質問主意書」第121回国会（臨時会）1991年9月24日付質問第九号。http://www.sangiin.go.jp/japanese/joho1/kousei/syuisyo/121/syuh/s121009.htm
　　2010年9月26日閲覧。

ための制度として注目すべきものであると認識しており、その締結につい
ては、これまでの運用状況をも踏まえ、関係省庁により引き続き鋭意検討
を行っているところである。」と答弁した[15]。この首相答弁の立場（こと
に結論部分）は、前記した1979年の外務省国連局長の答弁から大きくは進
歩していなかった。

　超党派の議員連盟である国連人権活動協力議員連盟（羽田孜会長・本岡
昭次事務局長）[16] の創立総会が1991年9月26日に開催された。議連の目的
の原案を執筆するよう依頼され、その創設に協力した。決定された目的に
は、①国連の人権諸条約への加入、②国連人権センター機能のコンピュー
ター化、③1993年世界人権会議開催への協力、④国連人権センターへの財
政協力が書き込まれ、実際相当程度の成果もあげた。筆者が議連の活動に
期待した最大の目標は、①の人権諸条約への加入促進であり、中でも自由
権規約の選択議定書への加入が主要なものだった。しかし、政界再編が進
むにつれ、会長羽田孜衆議院議員も自民党を離れ、あるいは相当数の会員
は落選によって国会を去るなどの事情が重なり、結局選択議定書の加入は
実現できなかった。

　政府側の消極姿勢の転換を促そうと考えた筆者は、国連憲章上の手続き
を活用して日本に関わる重大なヒューマンライツ侵害問題を国連ヒューマ
ンライツ委員会に提起する活動を始めざるを得なかった。1992年2月に、

---

15　内閣総理大臣海部俊樹「参議院議員本岡昭次君提出市民的及び政治的権利に
　関する国際規約の第一選択議定書（個人通報制度）批准に関する質問に対する
　答弁書」1991年10月1日第121回国会（臨時会）答弁書第九号。
　　http://www.sangiin.go.jp/japanese/joho1/kousei/syuisyo/121/touh/
　t121009.htm
　　2010年9月27日閲覧。
16　創立メンバーは、会長は羽田孜衆議院議員（自民党）、副会長は戸塚進也衆議
　院議員（自民党）ほか2名、幹事長は江田五月衆議院議員（社民連）、事務局長
　は本岡昭次参議院議員（社会党）であった。本岡昭次『孫悟空議員奮戦記：参
　議院議員本岡昭次の十七年』ひょうご芸術文化センター，1997年10月参照。

「慰安婦」問題を国連に提起したのは、そのためであった[17]。

　また、野党民主党を中心とする政権交代の実現[18]を目指して、支援活動を始めた。政権交代が実現した場合は、直ちにヒューマンライツを保障する国際法を政権が実現する政策を採用すると約束するように要請を始めたのである。

　2004年のことだが、参議院副議長を最後に引退することになった本岡昭次議員の協力を得て、国際人権法政策研究所（本岡昭次所長。筆者は事務局長）を立ち上げ、民主党国会議員と協力しつつ研究を進めることになった。この研究所は、約60名の民主党国会議員を賛助会員として、ヒューマンライツを保障する国際法に基づく政策を研究し、研究会を開催するだけでなく、『国際人権法政策研究』[19]を発行するなどして、民主党国会議員に情報を提供することに力を注いだ。

　それらを背景にして、民主党は衆議院議員総選挙前にマニフェストに個人通報権を実現する公約を書き込んだ。実際に2009年9月には政権交代が実現し、鳩山由紀夫首相のもとで、千葉景子法務大臣は、個人通報権条約、独立の国内人権委員会、取調べの可視化の3点を重点課題とすると述べた

---

17　筆者がなぜ「慰安婦」問題を国連ヒューマンライツ委員会に提起したのかの動機は、選択議定書への加入を促進するためであった。その詳細については、（論文）木村幹「慰安婦問題の国際化の一側面：戸塚悦朗の回顧を中心に」国際協力研究29巻1号（2021.7）111-147頁参照。
　　https://www.research.kobe-u.ac.jp/gsics-publication/jics/29-1/kimura_29-1.pdf　2021年10月6日閲覧。
18　本岡昭次『政界再編の戦国時代を生きる――社会党から民主党へ』ひょうご芸術文化センター、2004年。
19　『国際人権法政策研究』は、創刊号（2005年5月）、通算2号（2006年3月）、通算3号（2006年11月）、通算4号（2008年12月）と4回発行された。民主党への政策提言を目的にしていたので、発行の都度衆参民主議員には配布された。国会図書館には寄贈され、保管されている。2016年研究所の国会内事務局事務所を担当した水岡俊一参議院議員が落選したことにともない雑誌の廃刊の届を国会図書館に提出した。なお、水岡議員は、2019年参議院選挙で当選し、参議院に復帰した。

のである。期待は大きく膨らんだ。ところが、民主党政権は３年間しか続かず、結局、個人通報権を保障する選択議定書など条約の批准を実現することはできなかった。成果としては、鳩山首相が2010年に約束した社会権規約13条の留保撤回が2012年になって実現し、外務省に個人通報権導入を準備する履行室ができたのにとどまってしまった。

　その後の保守政治は変わらず、選択議定書の批准を拒否し続けたのである。

　困ったことに、なぜ個人通報権の実現に失敗したのかは、筆者にはいまだによくわかっていない。目に見えない構造的な抵抗があまりにも強すぎたのである。

　今反省しているのは、以下のようなことである。

① 　筆者の運動は当時の与党民主党の一部にとどまり、全党的な熱意を呼び起こすまでに至らなかった。

② 　関係官僚の支援を確保することができなかった。

③ 　保守党も含めた超党派の理解の形成が実現しなかった。

④ 　各選挙区レベルでの草の根運動の構築ができていなかった。

　その後10年近くたったが、未だに困難が立ちはだかっている。


**４．ヒューマンライツを保障する国際法実現に向けた広範な運動の発展**

　筆者の運動が挫折したことは、上記のとおり認めざるを得ない。しかし、それにもかかわらず、ヒューマンライツを保障する国際法を実現しようとするより大きな幅広い運動が日本で着実に発展しつつある。この流れを振り返るなら、楽観的な展望も開けてくるであろう。


**① 　限られた情報**

　1980年代初頭には、ヒューマンライツを保障する国際法を実務的に活用しようとしても、参考になる情報は極めて限られていた。当時は、大学の

法学部でも、司法研修所でも教授されていなかったし、文献もほとんどなかった。前述した1979年の国会審議に合わせて日本評論社によって出版された法学セミナー臨時増刊『国際人権規約』[20] は、条文のコンメンタールだったから実務家には便利だった。しかし、それを活用する国際法上の手続きについての情報は掲載されてなかった[21]。1980年からは六法全書には両規約の条文は掲載されるようになったことは重要な発展だったが、これだけでは、雲をつかむような状態だった。実体法は読めても、訴訟法が見えなかったのである。

　もう一つの壁があった。


### ②　国連NGO資格の壁

---

20　宮崎繁樹＝笹原桂輔編『国際人権規約』法学セミナー1979年5月号臨時増刊、日本評論社。

21　筆者が国連人権小委員会に初めて参加したのは、1984年8月だったが、その準備には1年以上かかった。当時は、1983年8月の国連人権小委員会に参加し、ノウハウと経験をもっていた原後山治弁護士の体験談を聞くことによって、国連NGO代表として国連会議に参加するための国連手続を学ぶ以外に方法がなかった。その後、いくつかの関連著書が出版された。実務的に参考になる書物としては、久保田洋『実践国際人権法』三省堂、1986年がある。久保田洋氏は、この著書（xii）で、以下を主要参考文献としてあげている。田畑茂二郎『人権と国際法』（法律学体系）日本評論新社、1952年；宮崎繁樹『人権と平和の国際法』日本評論社、1968年；野村敬造『基本的人権の地域的・集団的保障』有信堂、1975年；高野雄一『国際社会における人権』岩波書店、1977年；金東勲『人権・自決権と現代国際法』新有堂、1979年；宮崎繁樹＝笹原桂輔編『国際人権規約』法学セミナー臨時増刊、日本評論社、1979年；芹田健太郎編『国際人権条約資料集』有信堂、1979年；高野雄一＝宮崎繁樹＝斎藤恵彦編『国際人権法入門』三省堂、1983年；斎藤恵彦『世界人権宣言と現代』有信堂、1984年：金東勲＝久保田洋『国際人権法概論』（近刊）をあげている。しかし、これらから弁護士が実務的観点から見た国連手続を知ろうとしても、困難である。なお、久保田洋氏のリストにはないが、1984年11月にはカーレル・バサック編；ユネスコ版人権と国際社会翻訳刊行委員会訳監修『人権と国際社会』（上）（下）世界宗教者平和会議日本委員会・佼成出版社（発売），1984年が出版された。

国連憲章上の手続き[22]を活用して国連NGO代表としてヒューマンライ
ツ活動を続けた筆者は、当初毎年のように国連NGO[23]資格の取得に大き
なエネルギーと時間を使わざるを得なかった[24]。国連でのヒューマンライ
ツ活動を通じて、かなりの数の市民運動の代表者と交流できたが、日本の
多くの市民運動も筆者同様に国連NGO資格の取得のために困難に出会っ
てきたことを知るようになった。日本に本部を置く国連NGO資格を持つ
NGOも、国際的国連NGOの加盟団体になっている日本の団体も数えるほ
どだったのである。この国連NGO資格こそが国連憲章上の手続きを活用
するためには必須の条件であり、国連活動への入り口を開けるための鍵
だったのである。

　弁護士資格があっても、国連NGOのバッジ[25]がないと、国連の建物に
入れない。ましてや、国連ヒューマンライツ会議に参加し、発言すること
もできないのである。筆者は2000年から神戸大学の大学院（国際協力研究
科修士課程）で国連NGO活動の体験特別授業（夏季3週間）を開講した
が、国連NGO資格の重要性を教えることから授業を始めた。

　このことを体験的に理解することができるように、夏季研修授業の第1
日目には、ジュネーブ国連欧州本部のキャフェテリアで院生を待ち受ける
ことにしていた。院生が一人ひとり単独行動し、国連NGO資格を示す
バッジを各自取得し、国連構内に入り、第1日目の正午にキャフェテリア
にたどり着くこと、それを最初の課題とした。これは想像以上にむつかし

---

22　ヒューマンライツを保障する国際法手続きとしては、国連憲章上の手続きと
　　ヒューマンライツ条約機関手続きがある。詳しくは、戸塚悦朗『国連人権理事
　　会』日本評論社、2009年、46-58頁。
23　国連NGOについては、久保田洋『入門国際人権法』信山社、1990年、134-198
　　頁に詳しい。
24　前掲『国際人権と日本』107-114頁。
25　国連構内・会議室などに入ることができる身分証明書（ID）。NGO名、氏名、
　　参加できる会議名が書かれている。筆者が初めて国連会議に参加した1984年当
　　時は紙製だったが、最近はプラスティック製で写真が入るようになった。

い課題だった。航空券の予約やホテル（宿泊場所は筆者が決めた）の予約の準備段階から、一人ずつ行動することを課題にしていた。空港でも飛行機でもグループによる移動をしないように指導していた。筆者がグループツアーを企画することも避けた。それにはそれなりの教育的な意味があった。もちろん前期準備授業で事前準備の仕方を詳細に指導する。だが、そのプロセスの中で、各自が一つひとつの課題を丹念にこなし、すべての行動の過程を注意深く準備し、実行しなければならなくなるように期待していた。筆者が国連NGO活動で出会ったプロセスを追体験してほしかったのである。ところが、「仲良しグループ」３名の学生たちが指導を無視した。そのために、学生たちが失敗したのである。龍谷大学法学部時代のことだったが、国連NGOバッジを取得し損ね、国連内のキャフェテリアで待っていた筆者に「国連に入れません」と国連の外から携帯電話で連絡してきたのである。易しそうに見えても案外難しい課題をこなすことで、学生たちは、国連NGO活動に必要な手続きを体験的に学ぶことになったと思う。

今では、多くの市民運動もヒューマンライツを保障する国際法に強い関心を寄せ、国連との協議資格を持つNGOも少なくない[26]。筆者が記憶する範囲であるが、どのようにこの分野が日本で発展してきたのか、その歴史を概観してみたい。

国際友和会（IFOR）の歴史は古く、その淵源は、1914年ヨーロッパ中からコンスタンスに集まったクリスチャンが、非暴力平和主義を唱えて戦争を防止しようとしたときにさかのぼる[27]。しかし、第１次世界大戦を防

---

[26] 国連広報センター「日本に本部を置く国連NGO」https://www.unic.or.jp/links/ngo/
2021年10月8日閲覧。

[27] IFOR International Fellowship of Reconciliation 1910-19330
http://www.ifor.org/highlighted-history#ifor-history-1910-1930　2021年10月30日閲覧。日本語では、「国際友和会・日本友和会の歴史」（政池仁「日本友↗

止することができなかった。そこで、同年英国でFellowship of Reconciliation（FOR＝友和会）が、ドイツでVersöhnungsbundが結成された。英国では良心的徴兵忌避のために600名のFOR会員が刑務所に送られ、ドイツのFOR創設者は英国の戦争捕虜を支援したために死刑判決を受けた。1919年10か国のキリスト教平和主義者がオランダに集まり、国際友和会（IFOR）が結成された。1926年にはガンディーがインドの独立を支持するよう要請してIFORの書記ムリエル・レスター（Muriel Lester）を招いた。インドのFORが設立されたのは1953年だった。キング牧師を含め6名のIFOR関係者がノーベル平和賞を受賞している。日本友和会（JFOR）が創設されたのは、後述のとおり、1926年であった。筆者は、1993年以降国連NGO活動でIFORの支援を受けたが、その当時は日本友和会（JFOR）の会員ではなかった[28]。

　世界基督教協議会（WCC）は、巨大な国際的国連NGOの一つだが、1948年日本基督教協議会（NCC、後に日本キリスト教協議会）[29]ができ、長年を通して、特にアジアのヒューマンライツ問題や平和問題に取り組んでいる。また、自然災害や、難民救援のためのプログラム、開発プログラムなどへの支援をしている。諸宗教との対話協力・相互理解のための対話プログラムや平和・人権・反原発などの課題について宗教協力を進めている。1992年8月の国連ヒューマンライツ委員会の小委員会の直前にWCC理事としてジュネーブに駐在していた呉在植牧師[30]の紹介によって韓国挺

---

＼和会とはなにか」（2003年「日本友和会の歩み」誌）より抜粋をインターネット上で読める。http://jfor.a.la9.jp/HistryofIFORandJFOR.pdf　2021年10月31日閲覧。

28　筆者がIFORのジュネーブ国連首席代表だったレネ・ワルド——氏の支援を受けたのは、1993年国連ヒューマンライツ委員会に文書提出をした時のことである。その背景事情と経過は、以下に報告した。戸塚悦朗『歴史認識と日韓の「和解」への道』日本評論社、2019年、10-11頁及び220-222頁。

29　NCCJ　https://ncc-j.org/　2021年10月10日閲覧。

30　呉在植著；山田貞夫訳『私の人生のテーマは「現場」：韓国教会の同時代史↗

46

対協代表（韓国NCCを通じてWCC代表として同小委員会に参加した）と知り合うことになった。

国際ヒューマンライツ連盟（ILHR）[31] は、ニューヨークに本部を置く国際的国連NGOである。その歴史は古く、1942年に設立されている。最も古いヒューマンライツを擁護するためのNGOの一つである。設立者は、ナチスによる迫害から多くの人々を救済した著名なヒューマンライツ活動家ロジャー・N・ボールディングらである。全世界40か国以上の国々の非政府団体、たとえば、アメリカのACLUなどが加盟団体になっている。日本の自由人権協会（JCLU）もILHRに加盟している。後述のとおり、筆者は、1984年8月JCLUを通じてILHR代表として国連ヒューマンライツ委員会の小委員会に参加することができた。

その他にも、早期に日本支部を持つ大きな組織を背景にした国連NGOとしては、以下がある。1970年にヒューマンライツ分野では世界でも最有力な国際的国連NGOの一つであるアムネスティ・インターナショナル（AI）の日本支部[32] が創設された。AIのヒューマンライツ活動は著名であり、説明を要しないであろう。

同じ年に立正佼成会が中心になって創設した国際団体である世界宗教者平和会議（WCRP）の日本委員会ができ、WCRPは、1973年に国連NGO資格を得た[33]。立正佼成会とWCRPは、庭野平和財団との関係も深く、ヒューマンライツを保障する国際法の普及のために啓蒙活動にも貢献している。1975年に設立された創価学会インターナショナル（SGI）[34] は、

↘ を生きて』新教出版社，2014年。呉在植牧師は、2013年1月3日ソウルで逝去。

31　1983年原後山治弁護士が、1984年、1985年には筆者がJCLUを通じてILHRのNGO資格を活用して、国連ヒューマンライツ小委員会に参加した。

32　AI日本　https://www.amnesty.or.jp/about_us/who_we_are/　2021年10月8日閲覧。

33　WCRP　https://www.wcrp.or.jp/about/history/　2021年10月8日閲覧。

34　SGI　https://www.sokanet.jp/sgi/index.html　2021年10月10日閲覧。

1983年に国際的国連NGOになった。ジュネーブ事務所を持ち、常駐代表が駐在し、継続的に国際的ヒューマンライツ活動を続けている。

　これらは、歴史もある大きな組織を背景にした市民運動であり、少数に過ぎない。だから、多くの草の根市民運動には敷居が高く、なかなか国連にたどり着くための障壁を乗り越えることができなかった。

### ③　早期の草の根市民運動と国連NGO活動

　日本の草の根女性たちによる市民運動の先駆けとしては、「アジアの女たちの会」（AWA、1977年創設）を忘れてはならない。AWAは、1994年「アジア女性資料センター」（AJWRC）に組織変更した。その経過について、AJWRCのウェブサイトは、この間の歴史を以下のように説明している[35]。AWAの活動履歴を見ると、今日の日本の女性運動の原点がアジアの女性たちのヒューマンライツ侵害に対応することから始まり、それらの

---

35　「これまでの歴史「アジアの女たちの会」アジアの女たちの会ロゴ　アジア女性資料センターの前身は、1977年に発足した「アジアの女たちの会（Asian Women's Association: AWA）」です。日本人男性による買春観光に反対してアジアの女性たちと一緒に行動した日本の女性たちが、アジアへの軍事的・経済的侵略に加担しない女性解放の運動をめざしてたちあげました。AWAはその17年間の活動のなかで、アジアの政治犯支援、日本企業のアジア進出、開発援助、観光開発と人身売買、軍事化など、さまざまな問題について運動を展開したほか、機関誌『アジアと女性解放』の刊行や連続セミナー「女大学」の開催などの活動を行ってきました。北京国際女性会議の前夜である1994年末、AWAの設立メンバーのひとりであったジャーナリストの松井やよりさんが朝日新聞社を定年退職するのを機に、より強固な組織的基盤をもってグローバルに活動できるよう、国連協議資格をもつNGOとして、「アジア女性資料センター（AJWRC）」へと組織改変を行いました。アジア女性資料センターは、AWAの設立以来の理念を引継ぎ、姉妹グループや国内外の女性団体・市民団体と密接に協力しながら活動しています。
　　アジアの女たちの会　活動履歴」（中略）「アジアと女性解放：私たちの宣言」（以下略）
　　AJWRC　https://jp.ajwrc.org/about-us/outline/history　2021年10月10日閲覧。

　アジアの女性たちのヒューマンライツ活動と連帯し、早くから日本軍「慰安婦」問題を含め、アジア地域の女性によるヒューマンライツ運動に深く関与していたことを知ることができる。AJWRCは、2000年に国連との協議資格を取得した。

　ＡＷＡ創設の翌年であった世界ヒューマンライツ宣言30周年の1978年（マクリーン最高裁判決が言い渡された年）直後の日本の状況は、筆者の目から見ると、おおよそ以下のような状態だった。筆者は、1980年代初頭からとりくむようになった精神障がい者のヒューマンライツ問題で、1984年に初めて国連ヒューマンライツ小委員会に参加した。そのときには、会員だった自由人権協会（JCLU）[36] を通じて、その加盟国際団体である前記国際ヒューマンライツ連盟（ILHR）の国連NGO資格を借りて国連に参加するしかほかに方法がなかった。その準備プロセスには、１年間もかかった。その後の国連活動の継続のためには、国連NGO活動を通じて知り合った人脈を通じて、国際教育開発（IED）や前記国際友和会（IFOR）の支援を要請して国連NGO資格を毎年確保するために苦労したことを忘れることができない[37]。

　1986年DPI日本会議[38] が発足した。1981年第１回世界会議がシンガポールで開催され、世界障がい者インターナショナル（DPI）が誕生した。1985年精神病院「宇都宮病院」でのリンチ死事件（1984年）に際し、DPI世界メンバーが日本の精神病院の実情調査を行った[39]。それが契機になって、DPI日本会議が生まれた。

---

36　JCLU　http://jclu.org/jclu/　2021年10月８日閲覧。2003年にはJCLU自身が国連NGOの資格を得た。

37　戸塚悦朗「国際社会における人権活動」宮崎繁樹編『現代国際人権の課題』三省堂、1988年、112-158頁。

38　DPI日本会議　https://www.dpi-japan.org/about/organization/ayumi/　2021年10月８日閲覧。

39　戸塚・広田共編『精神医療と人権』（１）（２）（３）亜紀書房、1984年、1985年参照。

#### ④　ナイロビ世界女性会議と女性運動

　国連が主催したナイロビ世界女性会議（1985年）が契機となり、この会議への有力な参加者が中心になって、1987年9月20日国際女性の地位協会（JAIWR）[40] が創設された。JAIWRは、1998年に国連経済社会理事会の協議資格を得て国連NGOとなった。女性（女子）に対するあらゆる形態の差別の撤廃に関する条約（Convention on the Elimination of All Forms of Discrimination against Women）は、女性差別の撤廃を目的とする国連の定めた人権条約である。略称は、女性（女子）差別撤廃条約とされている。1979年12月18日に、第34回国連総会で採択された。日本は、1985年6月25日批准、第72番目の締約国である。JAIWRは、この条約に関心をもち、その研究と普及を目的として活動している。研究成果は、研究誌『国際女性』として出版されている。1999年第54回国連総会が同条約の選択議定書を採択した。日本政府は、個人通報権を保障するこの選択議定書も締結していないので、ヒューマンライツを保障する国際法である女性差別撤廃条約の実効的な国際手続きがない点で、前記の国際ヒューマンライツ規約と同じ問題がある。


#### ⑤　世界ヒューマンライツ宣言40周年の転機

　世界ヒューマンライツ宣言40周年の1988年が大きな転機となった。この年の12月10日には、日本の国際法や憲法の研究者たちが中心になって、実務法律家も交えて「国際人権法学会」を発足させた[41]。翌1989年には創立記念大会が開催され、その後の同学会の研究成果の発展には目覚ましいものがある[42]。学会誌『国際人権』（信山社刊）は、最新刊（2020年報）ま

---

40　JAIWR http://jaiwr.net/intro2014.html　2021年10月8日閲覧。
41　薬師寺公夫「国際人権法学会の歩み」『口座国際人権法Ⅰ』付録、2006年11月25日。
42　国際人権法学会のウェブサイト。http://ihrla.org/　2021年10月6日閲覧。

で31号を重ねている。このように同学会は、地道な研究の蓄積を積み重ね、多くの日本の研究者と実務家を育て、この分野の理解を深め基礎固めを着実に進めてきた。

　同じ1988年には、反差別国際運動（IMADR）[43] が、日本の部落解放同盟の呼びかけを契機に、国内外の被差別団体や個人によって設立された。1993年には、国連との協議資格を取得した。特筆すべきなのは、日本に基盤を持つ本格的なヒューマンライツNGOとしては初めてジュネーブに常設事務所を設置し、常時国連機関などからの情報を収集し、国連へのはたらきかけにも力を入れてきた。日本では、特に被差別部落の人びとや、アイヌ民族、琉球・沖縄の人びと、在日コリアンなど日本の旧植民地出身者およびその子孫、移住労働者・外国人などに対する差別、また、それらの集団に属する女性に対する複合差別の問題に取り組んでいる。IMADRは、ジュネーブ常設事務所を持つ利点を活かし、多くの市民運動のフォーカルポイントとして活躍している。

### ⑥　世界ヒューマンライツ宣言50周年以後の進展

　世界ヒューマンライツ宣言50周年の1998年を経てまた大きな進展があった。1990年代に、国連は、1993年ウィーン世界ヒューマンライツ会議や1995年北京世界女性会議など大きなヒューマンライツに関わる国際会議を開催した。国連は、これらの会議には、国連NGO資格がない場合でもヒューマンライツの実現に意欲的なNGO代表には参加を認めた。その参加経験を踏まえて、実際にヒューマンライツを保障する国際法を現場で実践し、実績を積み重ねてきたNGOにも国連が特別の協議資格を認めるようになった。国際的な大組織を背景に持たなくても、国内の草の根市民運動も国連のヒューマンライツ活動に関与できるようになったことは画期的

---

43　IMADR　https://imadr.net/　2021年10月9日閲覧。

な発展だった。

　筆者が参加していた日本友和会（JFOR）は、1926年に創設され、長い歴史を持つ市民団体[44]だが、国内団体としては大きなものではない。それにもかかわらず、1999年に国連社会経済委員会との特別協議資格を認められた。これ以後、筆者は、JFORのジュネーブ国連首席代表として国連憲章上の手続きを活用できるようになった。前述のとおり、2000年から神戸大学国際協力研究科の教官に就任したのを機に、JFORと協力して大学院生のための国連NGO活動を体験する特別授業（夏季3週間）を始めることもできるようになった[45]。

　日本弁護士連合会（JFBA）[46]も、同じ1999年に国連経済社会理事会との協議資格を得た。日弁連は、弁護士法によって設立されたすべての弁護士を会員とする大組織であって、日本ではオンブズマン的な役割を担っている。それだけに日弁連の動向は極めて重要である。以下で、国連NGO資格取得に至る経過を簡単に振り返り、そのうえで最近の活動の発展にも触れてみたい。

　国連の要請を受けて世界人権宣言40周年の記念行事として日弁連（当時北山六郎会長）が開催した1988年神戸人権擁護大会[47]の実現は、広く多数の弁護士にヒューマンライツを保障する国際法の重要性を知らせるという成果をあげた。その後の日弁連の国連ヒューマンライツ活動の発展には目覚ましいものがあった。1991年12月中坊公平日弁連会長を団長とする代表団がジュネーブ国連欧州本部長兼ヒューマンライツ・センター所長マーテ

---

44　JFOR　http://jfor.a.la9.jp/　2021年10月8日閲覧。

45　前掲戸塚悦朗『国際人権法入門』第3章参照。

46　日弁連70年記念誌編集委員会『日弁連七十年』日本弁護士連合会、2019年、185頁。

47　日弁連「神戸人権宣言」（1988年11月5日）参照。
　　https://www.nichibenren.or.jp/document/civil_liberties/year/1988/1988_1.html　2021年10月5日閲覧。

ンソン国連事務次長を訪問し、ボカール自由権規約委員会議長にも会い日
弁連報告書を提出した[48]。これを契機に、日弁連のカウンターレポートを
ヒューマンライツ条約機関に定期的に提出する道が開かれた。そればかり
か、この際日弁連は、自由権規約の先例のデータベースを作成することに
寄与しようと国連人権センターに寄付をし、国際貢献をした。

　1993年６月国連は、ウィーンにおいて世界ヒューマンライツ会議を開催
した。その際、阿部三郎日弁連会長を団長とする日弁連代表団の世界
ヒューマンライツ会議への参加が実現した[49]。

　1995年９月国連は、北京において世界女性会議を開催した。土屋公献日
弁連会長は、日弁連代表団の北京世界女性会議参加を実現し、代表団は、
『「従軍慰安婦」問題に関する提言』[50]（1995年１月）をこの会議に提出し
た。

　このような顕著な国連活動を評価されたことから、1999年NGO資格を
取得した日弁連は、独自に代表を国連ヒューマンライツ会議に送れるよう
になった。日弁連は、個人通報制度の導入を実現するために、2007年３月
に自由権規約個人通報制度等実現委員会を設置したほか、国内人権機関設
置を実現するために2009年３月国内人権機関実現委員会を設置し、今日に
至っている[51]。2019年日弁連徳島人権擁護大会では、日弁連は、個人通報
制度の導入と国内人権機関の設置を求める決議[52]を採択した。この人権擁

48　筆者は、これらの活動を実現するために、日弁連の海外調査特別委員として
　日弁連と国連との間のリエゾン活動に従事した。
49　その際の日弁連の活動については、戸塚悦朗「［（国連世界人権会議）日弁連
　代表団報告］従軍「慰安婦」問題に関する報告――実現した最終文書修正」『自
　由と正義』44巻11号、1993年11月、25〜29頁。
50　「提言」は、以下に掲載されている。日本弁護士連合会『問われる女性の人
　権：北京1995第４回世界女性会議日弁連レポート』こうち書房1996年８月。
51　前掲『日弁連七十年』186頁。
52　日弁連ウェブサイトから個人通報制度の導入と国内人権機関の設置を求める
　決議
　https://www.nichibenren.or.jp/document/civil_liberties/year/2019/2019_2.↗

護大会の第2分科会は、この決議の必要性を詳しく説明したが、実行委員会は、その内容を『国際水準の人権保障システムを日本に――個人通報制度と国内人権機関の実現を目指して』と題する書籍[53]として明石書店から刊行した。後世からは、実務と研究を統合して、ヒューマンライツを保障する国際法を日本に本格的に導入するため画期的な活動成果をあげたと評価されるであろう。

### ⑦　日本に本部を持つ国連NGOの着実な増加

　そのほかにも、日本に本部を置く国連NGOは、着実に増加している。1982年に創設されたNGO「市民外交センター」[54]も、1999年に国連経済社会理事会との特別協議資格を得た。1983年に始まったピースボート[55]は、2002年国連経済社会理事会との特別協議資格を得た。1993年に設立された国際人権活動日本委員会（JWCHR)[56]は、2004年国連経済社会理事会との特別協議資格を得て、毎年多数の日本の市民を国連会議に送っている。2006年に発足したヒューマンライツ・ナウ[57]は、2012年国連経済社会理事会との特別協議資格を得た。アクティブ・ミュージアム「女たちの戦争と平和資料館」（wam）は、2018年に国連経済社会理事会との特別協議資格を取得した。

---

　↘ html
　　2021年10月10日閲覧。
53　日本弁護士連合会第62回人権擁護大会シンポジウム第2分科会実行委員会『国際水準の人権保障システムを日本に――個人通報制度と国内人権機関の実現を目指して』明石書店、2020年。
54　市民外交センター　http://shimingaikou.org/?page_id=20　2021年10月8日閲覧。
55　Peace Boat　https://peaceboat.org/　2021年10月10日閲覧。
56　JWCHR　http://jwchr.s59.xrea.com/wp/wp-content/uploads/2021/09/pamphlet-2.pdf
　　2021年10月10日閲覧。
57　ヒューマンライツ・ナウ　https://hrn.or.jp/outline/　2021年10月9日閲覧。

　国連改革が進み国連人権理事会[58] が設置されて以降国連のヒューマンライツ機構も格段の成長を遂げた。上記のように、日本における国連NGOの着実な増加傾向とそれらの活発な活動を合わせて考えると、日本に関わるヒューマンライツ侵害の問題が、国連憲章上の手続きで提起されることは、かってのように珍しいことではなく、日常的な活動になりつつあると言ってよいであろう。

### ⑧　多様化する国際的ヒューマンライツ活動

　また、国連のヒューマンライツ機構の活動と関係があるその他のヒューマンライツ活動が増えてきたことも見逃すことができない。個人通報制度がなくても、国連NGO資格を持たなくても、活用可能な国際ヒューマンライツ活動がある。

　1995年設立されたCPR監獄人権センター[59] は、刑事施設の実態を把握し、制度の問題点を指摘し、改善の提案を行うとともに、関連するヒューマンライツ条約の日本政府審査に際しては、条約機関に対し報告書を提出し、現地に代表団を派遣し、必要な補足情報の提供を行っている。1999年設立された難民支援協会（JAR）[60] は、難民高等弁務官事務所（HCR）のパートナーとして大活躍している。2020年設立された恣意的拘禁ネットワーク（NAAD）[61] は、日本で行われている主な身体拘束には3つの分野（刑事拘禁、入管収容、精神科医療の強制入院）があることから、これに対応する方法を検討するため、国際法で禁止された身体拘束である恣意的拘禁の意味や、調査・監督する機関について紹介している。なかでも、国連に設置された人権機関のうち「特別手続」の中に位置付けられた国連恣意的拘

---

58　戸塚悦朗『国連人権理事会——その創造と展開』日本評論社、2009年。
59　CPR　https://prisonersrights.org/about-us/mission/　2021年10月10日閲覧。
60　JAR　https://www.refugee.or.jp/　2021年10月10日閲覧。
61　NAAD　https://naad.info/　2021年10月10日閲覧。

禁作業部会（UN Working Group on Arbitrary Detention）を紹介している点がユニークである。この作業部会への個人通報は、特別の条約の締結なしで活用できる[62]。

そのほか国際専門機関である国際労働機関（ILO）や、国連教育科学文化機関（UNESCO）などを活用したヒューマンライツ活動を実践する労組や市民団体のユニークな活躍もある[63]。また、国連本部（ニューヨーク）で開催されるので筆者にはなじみがなかった国連機関もある。「先住民族問題に関する常設フォーラム」（Permanent Forum on Indigenous Issues）[64] がその一例だが、先住民[65] であることが参加資格であるようで

---

62　前掲戸塚悦朗『国際人権法入門』94-104頁。前掲『国連人権理事会』109-118頁。個人通報が成功した事例が以下の研究誌に報告されている。高尾栄治「国連人権理事会・恣意的拘禁作業部会「Deniz Yengin及びHeydar Safari Diman（日本）に関する意見No.58/2020」の紹介：日本政府による入管収容施設への収容について、世界人権宣言及び自由権規約の規定に違反しており、恣意的な身体の自由の剥奪にあたると判断した意見」武蔵野法学14号、2021年3月31日、124-98頁。

63　「日の丸・君が代」ILO/ユネスコ勧告実施市民会議Civil Council for the Implementation of ILO/UNESCO Recommendations（CCIU）「2020年3月1日に発足した市民団体です。2019年に公表されたCEART第13回会合報告書を、日本政府及び地方自治体に速やかに実施させるために活動しています。呼びかけ人34名 賛同人87名 賛同団体104団体 ※2021／6／7現在」CCIUニュースレター7/10/2021号No. 1

　　https://sites.google.com/view/cciu/ホーム　2021年10月31日閲覧。

64　琉球新報Style「日本人が知らない世界の先住民族　国連フォーラムが"沖縄"で踊った！　◇アメリカから見た！　沖縄ZAHAHAレポート（10）」

　　https://ryukyushimpo.jp/style/article/entry-716269.html　2021年11月7日閲覧。

　　https://www.un.org/development/desa/indigenouspeoples/　2021年11月7日閲覧。

65　日本政府は、アイヌ民族を先住民であると認めたが、沖縄人が先住民族であることはまだ認めていない。しかし、前注「琉球新報Style」では、「国連は2008年に沖縄の人々を「先住民族」と公式に認め、過去4回勧告を出し、2014年8月には国連人種差別撤廃委員会が沖縄の人々の権利を保護するよう勧告する「最終見解」を発表しています。」とされている。

ある。非常に重要な機関だが、筆者は関わってこなかった。ここではこれ以上深入りをすることをやめておこう。

### ⑨　国連勧告実現運動

　注目すべきなのは、このように発展してきた様々な日本のNGOが国連勧告を実現するために連帯して活動するという流れが生まれたことである。日本政府が国連ヒューマンライツ機関の勧告を無視し続けてきたことを放置できないことから、「「国連・人権勧告の実現を！」ーすべての人に尊厳と人権をー」と言う運動[66]が始まったのである。「国連・人権勧告の実現を！実行委員会」が組織され、様々な分野のヒューマンライツ課題に取り組む多くの団体が連帯し、日本政府に対する国連からの人権勧告を実現するために活動を展開し始めていることは、心強い。国連勧告実現運動は、毎年ヒューマンライツ・デー（世界ヒューマンライツ宣言採択の記念日12月10日）には催しを開いているが、2021年には第9回になる。今回は、外国人のヒューマンライツをテーマに参議院議員会館講堂を会場に開催された[67]。

　個人通報権や国内人権機関の実現を求めて、このような連帯がさらに日本各地の草の根ヒューマンライツ運動にまで広がって行くことを期待したい。

## 5．国際ヒューマンライツ規約締結と外国人
### ①　外国人のヒューマンライツについての国会決議

　参議院の会議録（第87回国会参議院外務委員会第15号1979年6月5日）

---

66　「「国連・人権勧告の実現を！」──すべての人に尊厳と人権を──」
　　https://jinkenkankokujitsugen.blogspot.com/　2021年10月28日閲覧。
67　第9回　国連・人権勧告の実現を！集会「〜なぜこんなに冷酷なことができるのか？　外国人の人権からみた日本〜」前注参照。

について上記した。**参議院外務委員会は、在留外国人の権利について以下のように決議している**[68]。

　　　すべての者は法の前に平等であり、人種、言語、宗教等によるいかなる差別もしてはならないとの原則にのつとり、在留外国人の基本的人権の保障をさらに充実するよう必要な措置を講ずること。

　マクリーン最高裁判決によって憲法上内外人平等が確認され、実際にも保障されているのなら、国際ヒューマンライツ規約の承認に際して、なぜ国会が改めてこのような決議を採択する必要があったのであろうか？その理由を知ることができる学識経験者の意見陳述がある。1979年 5 月31日第87回国会参議院外務委員会において、宮崎繁樹参考人が次のような意見を述べていることを想起することで、その答えを見出すことができる。

　　　特に強調いたしたいのは、それが人種、性別、言語、宗教、出身、国籍による差別なく、すべての個人に対して保障すべきことを国際人権規約が定めている点でございます。かつて法務省入国管理局のある参事官がその著書の中で「外国人は煮て食おうと焼いて食おうと自由である」と書いて、国会でも問題となりましたが、国際人権規約のもとでは、このような考え方は全く通用しなくなるのであります。

　一読の価値があるので、相当長文だがその前後の部分を抜粋して注記す

---

68　なお、衆議院外務委員会決議（第87回国会衆議院外務委員会第10号1979年 5 月 8 日）（資料 2 ）は、「在留」を付さずに端的に「外国人」としている点で異なっている。

る[69]。

69　国会会議録検索システム　第87回国会参議院外務委員会第14号昭和54年５月31
日より抜粋　https://kokkai.ndl.go.jp/#/detail?minId=108713968X01419790531
&current=41
2021年10月11日閲覧。

宮崎繁樹

（前略）

　第一の点は、すでにわが国では憲法上人権が十分に保障されているのであるから、いまさら国際人権規約に入らなくてもよいのではないかという疑問に対応いたします。

　まず、憲法に規定しておりませんけれども、国際人権規約に規定されている人権があります。その主なものとしては、人民の自決権、公正・有利な労働条件を享受する権利、ストライキ権、社会保障についての権利、年少者の保護、十八歳未満の者に対する死刑・妊娠中の者に対する死刑執行の禁止、飢餓からの自由、中等・高等教育の無償化、文化的生活に参加し科学の恩恵に浴する権利、自由を奪われた者に対する人道的処遇、未決者と既決者・成人と未成年囚人の分離、外国人追放のための条件と審査請求権、プライバシーの保護、情報入手の自由、戦争挑発・差別待遇・国家的・人種的・宗教的敵意扇動の禁止、少数者の保護などが挙げられます。

　特に強調いたしたいのは、それが人種、性別、言語、宗教、出身、国籍による差別なく、すべての個人に対して保障すべきことを国際人権規約が定めている点でございます。かつて法務省入国管理局のある参事官がその著書の中で「外国人は煮て食おうと焼いて食おうと自由である」と書いて、国会でも問題となりましたが、国際人権規約のもとでは、このような考え方は全く通用しなくなるのであります。

　現在、日本人と外国人との間に差別取り扱いがあるものとして、Ａ規約に関連いたしましては、弁理士資格、水先人資格、社会保障、生活保護、公営住宅、国民年金、児童手当、児童扶養手当、特別児童扶養手当、国民金融公庫・住宅金融公庫の利用、Ｂ規約に関連するものといたしましては、国家賠償法の相互主義の適用などがございます。

　就職に関連いたしましては、一九七〇年、日立製作所が在日韓国人の朴鐘碩君を外国人であるとの理由で不採用とした事件、また最高裁判所が司法試験に合格しても外国人は司法修習生として採用していなかったのでございますが、一九七七年に至って、ようやく在日韓国人の金敬得君を司法修習生に採用した事例があります。また、法律上の根拠はないのでございますけれども、日本学術会議において外国人には学術会議会員の選挙権・被選挙権を与えていない事実もあります。公務員への就任につきましても、国家の重大な意思決定への参加もしくは公権力行使に関連する以外の公務員につきましては外国人の就任↗

## ② 外国籍の子どもの義務教育への権利とヒューマンライツ

　具体的な事例で考えてみよう。外国籍の子どもの義務教育への権利は、国際ヒューマンライツ規約でどう定められているのだろうか。

　経済的、社会的及び文化的権利に関する国際規約（社会権規約）は、条約であって、法的拘束力を持つ国際法上の法源である。その他の人権条約（子どもの権利条約）も問題になるが、当面この条約に限って検討してみたい。これは、前記のとおり、憲法98条2項により国内法に編入され、裁判上の法規範となる。これに違反する法律は無効となる[70]。教育基本法、

↘を認めてよいと考えられるのでありますけれども、現状は、内外人を区別しており、最近は、国立または公立の大学における外国人教員の任用等に関する特別措置法案をめぐって論議が生じていることはすでに皆様御承知のとおりであります。

　さらに、入学に関しましても、一九七二年に、在日韓国人の黄真紀さんという十五歳の女の子が私立武蔵野高等学校への入学を拒否された事件があります。また外国人子弟に対するところの無償初等教育の保障という点についても問題があり、また外国人登録法上の罰則と住民登録上の罰則に著しい相違があるということも問題であろうかと思うのであります。

　B規約上の諸権利につきましては、内外人平等を即時実行すべきことは言うまでもございませんけれども、A規約上の権利につきましては漸進的に内外人平等を実施すればよいと考えている方がございます。しかし、これは大きな誤りでございます。これはA規約第二条を国連総会第三委員会で審議した際に、レバノン、モロッコが平等原則の適用についても漸進的に実施しようとする修正案を一たん提出したのでございますが、平等原則に漸進的実施の考えを適用するのは国連憲章に反するということが強調され、結局、修正案は撤回されたという経緯から明らかであります。

　このことは男女の平等についても当てはまる点であります。現在、男女間に差別取り扱いがあるものとして、出生した子の国籍取得に当たっての父系主義、帰化許可条件の相違、これは衆議院ですでに御指摘がございますが、賃金以外の労働条件についての男女差別、女子若年定年制、天皇の地位からの女子の排除などがあると思います。

　さらに、わが国において真剣に取り組むべき差別の重要問題として、同和差別の部落地名総鑑等の問題があることはすでに御案内のとおりであります。（後略）

70　前掲戸塚『国際人権法入門』、19頁。

学校教育法、学校教育法施行令は、批准済みのこの国際ヒューマンライツ条約より下位にある法律である。だから、法律が国際ヒューマンライツ条約に違反する場合は、すべて無効となる。また、創意工夫をこらして条約に適合的に解釈することも可能である。その場合は、条約違反の問題が起きないような柔軟な国内法解釈に努めることになる。

　社会権規約13条1項もすべての者に教育への権利を保障しており、同条2項（a）は、同様にすべての者に対して無償の義務教育としての初等教育を保障している。

　社会権規約13条3項が保護者の学校選択権を保障していることにも留意すべきである。

　結論を述べれば、（その1）で報告した国内法制度下の行政による外国籍の子どもの義務教育への権利を認めない取扱いには、社会権規約が保障するヒューマンライツを侵害する違法性があるというべきである。

　どうしてそうなるのか？

　社会権規約13条は、以下のように教育への権利を保障している。


　　1　この規約の締約国は、教育についてのすべての者の権利を認める。締約国は、教育が人格の完成及び人格の尊厳についての意識の十分な発達を指向し並びに人権及び基本的自由の尊重を強化すべきことに同意する。更に、締約国は、教育が、すべての者に対し、自由な社会に効果的に参加すること、諸国民の間及び人種的、種族的又は宗教的集団の間の理解、寛容及び友好を促進すること並びに平和の維持のための国際連合の活動を助長することを可能にすべきことに同意する。

　　2　この規約の締約国は、1の権利の完全な実現を達成するため、次のことを認める。

　　（a）　初等教育は、義務的なものとし、すべての者に対して無償の

ものとすること。…

　ここで、注目すべきは、社会権規約は、外国人を含め、日本の管轄下に
ある「すべての者」に適用され、その13条１項は、教育についての「すべ
ての者」のヒューマンライツを保障しているので、日本に居住する外国籍
の子どもを権利主体として含んでいることである。
　また、同条２項（a）は、初等教育は「義務的」なものとし、「すべての
者」に対して「無償」のものとすると定めていることにも注目する必要が
ある。初等教育は、無償の義務教育でなくてはならず、日本に居住する外
国籍の子どもを含め、「すべての者」に保障されていることは明確である。
　（その１）で検討したように、憲法が権利主体を「国民」と限定している
のに対し、社会権規約は、権利主体を「すべての者」としている。後者に
は国籍条項がないのである。
　人（人間、human）であれば、すべての者にヒューマンライツを認め
ている国連憲章（第１条第３項）とそれを具体化した世界ヒューマンライ
ツ宣言にならい、自由権規約も社会権規約もこの点で国籍条項を知らない
のである。

### ③　自由権規約（第１）選択議定書と外国人のヒューマンライツ
　個人通報権条約を締結することの重要性については、前述した。これは、
誰にとって重要なのだろうか？もちろん日本の「国民」にとっても重要で
ある。だが、この個人通報権条約制度も、国籍条項を知らないのである。
外国人も国民同様に利用できる。だから、もしこの条約が締結されるなら、
最高裁判所で敗訴した外国人も、あらゆるヒューマンライツの侵害を、最
終的に条約機関に通報できるようになる。この点で、外国人にとっても、
国民同様にきわめて重要な手続き的な権利が保障されるようになるのであ
る。

具体的に条文を見てみよう。

自由権規約（第1）選択議定書[71]の第1条は、以下のとおり定めている。

> 　規約の締約国であって、この議定書の締約国となるものは、その管轄下にある個人で規約に定めるいずれかの権利が右の締約国によって侵害されたと主張するものからの通報を、委員会が受理し、かつ、検討する権限を有することを認める。委員会は、規約の締約国であるがこの議定書の締約国でないものに関するいかなる通報も受理してはならない。

　この手続きを活用できる人は、「その管轄下にある個人」とされている。日本の管轄下にあるという条件はあるが、申立人の資格は、国籍を問わない。

　日本人は、世界中どこに行ったとしても、この議定書を締結済みの他国の管轄下にあれば、その国によってヒューマンライツを侵害された場合には、その国においては「外国人」であっても、個人通報ができる。このことを考慮すれば、この個人通報制度が外国人にとって極めて重要な価値を持つことをよく理解できるであろう[72]。

## 6．マクリーン最高裁判決の弊害をどう克服するか？

　マクリーン最高裁判決が出されたのは、1978年だった。2つの国際ヒューマンライツ規約を日本が締結したのは、その翌年である1979年だった。日本が憲法98条2項を通じてヒューマンライツを保障する国際法を導

---

71　日弁連ウェブサイトから自由権規約選択議定書を閲覧。
　　https://www.nichibenren.or.jp/activity/international/library/human_rights/
　　liberty_protocols_no1.html
72　実際、メルボルン事件では、日本人がオーストラリアを相手にして個人通報権を活用して自由権規約委員会に通報した。

入するという大変動が起きたのである。しかし、最高裁を含め、日本の政府も国会もそれを十分に理解していたのであろうか。

　今回この論文を執筆するに際して、この大変動を的確に指摘している注目すべき論文[73] が出版されていることに気付いた。この分野で長年実践的且つ学問的なヒューマンライツ活動に専心してきた著者（菅充行弁護士）の先進的な研究は、マクリーン最高裁判決の弊害を克服する最も有力な手掛かりになるであろう。以下で、菅論文の要点を確認してみたい。

### ①　不動の地位を占めるマクリーン最高裁判決

　菅論文は、「日本における現行の入国・在留制度の枠組みの支配的な基盤となっているのが、いわゆるマクリーン事件最高裁大法廷判決である。同判決は日本における外国人の入国・在留上の地位と基本的人権の保障に関するリーディングケースとして、現在に至るまであらゆる司法判断の枠組みとして不動の地位を有している」と書き出している。菅論文は、下級審判決の現状についても指摘しているが、その点には触れない。菅論文のこの評価に異論を唱える法律家はほとんどいないだろう。

　問題は、この判決の弊害をどう克服するか？である。マクリーン最高裁判決を崩壊させる論理をどう築くかを考え抜いた研究者は、何に目をつけるだろうか。

### ②　マクリーン最高裁判決の内に潜む突破口の発見

　筆者は、菅論文の最も優れた点は、マクリーン最高裁判決そのものの中に、この判決の弊害を克服するための突破口を見出した点にあると考える。「特別の条約がない限り」という限定の指摘は、この判決自身が自ら内側

---

73　菅充行「外国人の入国・在留と退去強制」編集代表芹田健太郎・棟居快行・薬師寺公夫・坂元茂樹『国際人権規範の形成と展開』信山社、2006年、439-460頁。

から崩壊してゆく可能性と論理を内在していることを示した。この重要な論点の発見は、菅論文が端的に「特別の条約がない限り」にあたる国際判例の研究に専念する研究方法を導き、マクリーン最高裁判決に大転換を迫るという成果を見事に達成したのである。この点で研究に成功したこの論文の著者菅充行弁護士に最大限の賛辞を送りたい。

　さて、菅論文はこの論理をどのように展開しているのであろうか。

　菅論文は、冒頭でマクリーン最高裁判決の論理の基礎を以下のようにまとめている。「同判決は、まず、「国際慣習法上、国家は外国人を受け入れる義務を負うものではなく、特別の条約がない限り、外国人を自国内に受け入れるかどうか、また、これを受け入れる場合にいかなる条件を付するかを、当該国家が自由に決定することができるものとされている」としたうえで、憲法の考えも同様であるとし、「憲法上、外国人は、我が国に入国する自由を保障されているものでないことはもちろん、所論のように在留の権利ないし引き続き在留することを要求しうる権利を保障されているものでもない」との大前提を置く。」ことを確認することから論理を進めている。これは、後に「特別の条約がない限り」という限定についての問題提起をするための布石となっている。

　このマクリーン最高裁判決が冒頭部分で打ち出した大前提をどう分析すべきかというポイントについてどう考えるかは、極めて重要である。それがこの判決がよって立つ柱だからである。菅論文は指摘していないが、筆者が興味を持ったのは、最高裁の論理がまず国際法から論じ始め、次に憲法論に及んでいる点である。それだけに、国際法の発展は、この判決に転換を迫る可能性を持つと考えられる。

### ③　「特別の条約がない限り」の検討

　菅論文は、上記の大前提の指摘の後で、マクリーン最高裁判決の更なる論理を分析し、結論部分を批判しているが、その点はおいて、どのように

「特別の条約がない限り」の検討をしているかを見てみよう。

　菅論文は、まず以下のように、マクリーン最高裁判決（1978年）のあとである、1979年以降に日本が自由権規約と社会権規約を締結するなど国際ヒューマンライツ条約を締結している事実を的確に指摘している。

　「しかし、マクリーン判決は昭和54年（1979年）に日本が市民的及び政治的権利に関する国際規約（以下、自由権規約という）を批准する前年の判決である。日本は自由権規約と同時に経済的、社会的及び文化的権利に関する国際規約を批准しているが、その後も様々な国際人権条約を批准し、国民のみならず外国人に対しても等しく人権を保障すべきことを国際法上の約束として請け合ってきた。こうした国際的な人権保障の水準を実現・維持する責務を国際社会に対して負う時代になってすでに久しい今日の段階において、マクリーン判決が今なお妥当性を有するかには大いに疑問がある。」

　このようなヒューマンライツを保障する国際法の発展と日本による受容について述べたうえで、菅論文は、以下のように「特別の条約がない限り」という制限をなぜ検討しなくてはならないかの理由をあげている。菅論文のハイライトである。

　「マクリーン判決自体も、「外国人を自国内に受け入れるかどうか、また、これを受け入れる場合にいかなる条件を付するかを、当該国家は自由に決定することができる」とするのが国際慣習法であると判示するが、その前提として「特別の条約がない限り」と限定をおいている。日本は、マクリーン判決の当時には、外国人を受け入れるかどうかに関する「特別の条約」には加入していなかったが、その後、前記のように様々な人権条約に加入している。したがって、これらの国際人権条約が国家の裁量権を制約する「特別の条約」としての規定を含むものであるか否かを吟味する必要がある。もし外国人に対する入国拒否や入国に付した条件、あるいは在留期間の更新拒絶、在留特別許可の許否等が、これら国際人権条約の規定に

抵触するならば、その限りにおいて、国家の裁量権は制約せざるを得ない。また国際人権条約に抵触することは、法律よりも上位規範である条約違反になるのであるから、「社会通念上著しく妥当性を欠く」以上に、強い違法性を有することにもなる。」

④　国際ヒューマンライツ条約のもとにおける国際機関による解釈事例

　一般論としては、菅論文が論理的に指摘するとおりである。しかし、具体的にはどうなのか？実際問題として、ヒューマンライツを保障する国際法を適用した場合に、著しく広範な裁量権を認めるマクリーン最高裁判決は転換を迫られるのであろうか？個別具体的な事例から言ってどうなのか。それは、国際ヒューマンライツ機関による先例から検討することになる。

　それでは、自由権規約等のヒューマンライツを保障する国際法が適用されて、入国・在留及び強制退去についてどのような国際的解釈事例が蓄積されているのだろうか。それについて、菅論文は、次のように言っている。「以下に見るように、自由権規約等の国際的解釈によれば、これら人権条約によって、国家の外国人に対する入国・在留の許否の自由に一定の制約が課されることが認められており、国家の自由裁量という古典的な考え方には修正が加えられてきているのである。」

　菅論文は、「国際人権規約のもとにおける入国・在留および退去強制」というタイトルのもとに事例研究の結果を以下のようにあげている。紙数が限られているので、内容は省略し、項目のみあげておく。詳しくは、菅論文を参照されたい。

　●自由権規約について

　一般的意見15

　チフラほか対モーリシャス事件

　ウィナタ対オーストラリア事件

　マダフェリ対オーストラリア事件

バクティアリ対オーストラリア事件

ザヒド対ニュージーランド事件

●ヨーロッパ人権条約について

ベルハブ対オランダ事件

東アフリカのアジア系住民対英国事件


　さらに菅論文は、「出入国管理及び難民認定法に基づく収容について」というタイトルのもとに事例研究等を行っているが。ここでも項目のみにとどめる。。

●自由権規約における人身の自由の保障

自由権規約９条４項

アルフェン対オランダ事件

Ａ対オーストラリア事件

Ｃ対オーストラリア事件

自由権委員会の最終見解


　これらの国際判例および解釈基準は、菅論文が「これら人権条約によって、国家の外国人に対する入国・在留の許否の自由に一定の制約が課されることが認められており、国家の自由裁量という古典的な考え方には修正が加えられてきているのである。」というように、その主張が抽象的一般論ではなく、具体的な証拠によって証明されていることを示している。

　また、これらは、氷山の一角に過ぎないのではないか。今後、多くの研究者によってさらに多くの詳細な証明がなされることを期待したい。

　もし、菅論文の主張を覆そうというのであれば、日本政府は、より説得力ある反論を示すべきである。


　⑤　注目すべき研究の発展

　外国人のヒューマンライツの問題に対応するには、ヒューマンライツを
保障する国際法に着目した研究の発展が重要である。ことに実務と研究を
架橋する試みが最も有効であろう。最近そのような流れが始まっているこ
とに注目したい。たとえば、『法律時報』2020年２月号が小特集「国際人
権法から入管収容を考える」（小坂田裕子・北村泰三・村上正直・安藤由
香里）を掲載している。国際法研究者が前記菅論文の提起した問題領域を
さらに深める研究に取り組み始めていることは、きわめて心強い。一読の
価値があるが、ここでは注記するにとどめる[74]。実務家と研究者が協力し
て、外国人のヒューマンライツの問題に取り組む動きが本格化しだしたこ
とを高く評価すべきである。今後の研究の発展を期待したい。


（まとめ）

　弁護士である筆者から見ると、日本弁護士連合会の活動が着実に進み、
単位弁護士会、会員弁護士によるこの分野の実践の普及に顕著な成果を上
げてきていること、ヒューマンライツを保障する国際法の研究が着実に発
展していることは心強い限りである。

　しかし、日本の保守政治を動かすためには、弁護士会や研究者の力だけ
では困難であろう。広く社会的な理解が進み、世論が高まることが必要で
ある。その意味で注目すべきなのは、前記した「国連・人権勧告の実現
を！」とする運動が始まり、様々な市民運動が連帯して取り組む活動が進
んできたことである。今後このような活動が、全国的に各地域の草の根運
動にまで広がって行くことを夢見ることができないだろうか。

---

74　『法律時報』2020年92巻２号通巻1147号：小特集「国際人権法から入管収容を
　考える」①小坂田裕子「入管収容の現在──企画趣旨説明も兼ねて」58-62頁。
　②北村泰三「入管収容における法の支配と国際人権法──ヨーロッパ諸国間に
　おける実践を中心に」63-68頁。③村上正直「入管収容と自由権規約」69-73頁。
　④安藤由香里「国際人権条約における入管収容とノン・ルフルマン原則」74-79
　頁。

そうでなければ、日本は本当に世界の孤児になってしまうだろう。「最も近い隣国である韓国との関係が悪化したまま回復の兆しがないのは、なぜか？」という問題がある、最近筆者は、ヒューマンライツと世界についての認識が日韓の間で大きくずれてしまったことが日韓の葛藤の原因なのではないか？という仮説を提起するに至った。韓国は、30年も前に自由権規約の選択議定書を批准し、ヒューマンライツ先進国の仲間入りをした。ところが日本は未だにこの個人通報権条約を受け入れていない。この違いが日韓の葛藤の真因ではないか？そう考えて、「日韓関係の葛藤はなぜ起きたのか ──深刻化の底に潜む「世界認識」のずれ──」というエッセイ[75]をコリアネットのコラムに投稿した。インターネットで読むことができるので、読者のご意見を頂ければ幸いである。


（資料１）

国会会議録検索システム第87回国会衆議院外務委員会第５号昭和54年３月23日

https://kokkai.ndl.go.jp/#/detail?minId=108703968X00519790323&spkNum=23&current=-1　2021年10月４日閲覧。

（外務委員会第５号１-３頁から抜粋）

昭和五十四年三月二十三日（金曜日）

　　　　午前十時四十五分開議

　　　──────◇──────

○塩谷委員長　次に、経済的、社会的及び文化的権利に関する国際規約の

75　戸塚悦朗「日韓関係の葛藤はなぜ起きたのか ──深刻化の底に潜む「世界認識」のずれ──」https://japanese.korea.net/NewsFocus/Column/view?articleId=182964&pageIndex=3
　　2021年10月10日閲覧。

締結について承認を求めるの件、市民的及び政治的権利に関する国際規約の締結について承認を求めるの件の両件を議題といたします。

　質疑の申し出がありますので、順次これを許します。渡辺朗君。

○渡辺（朗）委員　それでは、経済的、社会的及び文化的権利に関する国際規約及び市民的及び政治的権利に関する国際規約の両件につきまして質問をさせていただきます。

　便宜上、前者を経済権規約、あるいは外務省の方の提案説明によりますと、これをＡとしておられます。Ａ規約あるいは経済権規約、こういうふうな呼び名で呼ばせていただきます。後者をＢ規約あるいは自由権規約、こういうふうに呼ばせていただいて質問を続けさせていただきたいと思います。

　まず、外務省の方から説明書をいただきました、これに沿いながらお教えをいただきたいと思います。この規約の成立経緯に関連してでございます。

　本年は、人権宣言の採択三十周年に当たっている。そしてまた、人権宣言を一層具体的に敷衍したものが今回の両規約である、こうされております。これに関連いたしましてお尋ねしたいのは、世界人権宣言に盛られているが、こちらの両規約の中に盛られていないもの、あるいは両規約に新しく盛られているけれども、世界人権宣言の方に盛られていないもの、この点について、細目ではなくて大きなところでお教えをいただきたいと思います。

○賀陽政府委員　お答え申し上げます。

　ただいま渡辺委員の御指摘の大要について申し上げますと、他国に庇護を求める権利、国籍に関する権利及び財産に関する権利は世界人権宣言に規定されておりますけれども、国際人権規約には規定されておりません。他方、人民の自決の権利及び少数民族の権利は国際人権規約に規定されておりますが、世界人権宣言には規定されておりません。他の権利につき

ましては、基本的にはほぼ同じものを対象としておるというふうに考えております。

○渡辺（朗）委員　私は後ほどまたさらに、具体的にいろいろ御質問させていただきたいと思いますが、この説明書に沿いながら先に確かめる意味で御質問をさせていただきたいと思います。

　説明書の二ページ、（ロ）のところでございますけれども、大変重要なことだと思うのです。たとえば「Ｂ規約の実施に関連して同規約の下で設置される人権委員会が締約国の個人からの通報を、審議し見解を述べる制度について規定した「市民的及び政治的権利に関する国際規約の選択議定書」」これを略称選択議定書と呼ぶとする場合、これは採択されておりますけれども、この選択議定書は配付されておりませんが、これは私だけがいただいていないのでしょうか、いかがでございましょうか。

○賀陽政府委員　選択議定書をお手元に差し上げませんのは大変手落ちでございまして失礼いたしました。早速いまお届け申し上げます。

○渡辺（朗）委員　これは私だけがもらってないのでしょうか、配ってないのでしょうか。

○賀陽政府委員　この選択議定書は実は御承認を求める対象に入っておりませんものですから、お分けしなかったのでございますけれども、全体を御判断いただく上に御必要だという御指摘でございますので、皆様方におくればせながら差し上げることにいたします。

○渡辺（朗）委員　私そこら辺でちょっと、後でもまた関連してまいりますけれども、これは大変重要なことだと思うのです。というのは、この選択議定書にのっとって締約国の個人からの通報を審議し見解を述べる制度、こういうものが実施されるわけでございますから、ある意味ではこれは実施措置だと私は解釈いたしますが、いかがでございましょう。

○賀陽政府委員　選択議定書は個人の出訴権を前提とした議定書でございまして、これはまた後ほどいろいろ御質問も賜るかと思いますけれども、

個人の救済制度として果たして実際に機能いたしますかどうか、相当疑問な点があるという判断をわれわれは持っておりまして、この採択におきましても棄権の国が非常に多かったわけでございます。

　そういう観点から、われわれとしてはこの選択議定書に加入することを当面考えておりませんので、そういう形で御承認を求めていないというのが経緯でございます。ただ、その中身につきましては、御指摘のように今後やはりいろいろ検討をして、この運用状況も見ながら考えてまいるという面も含まれておるということは御指摘のとおりでございますので、われわれとしてもこれを等閑視しているわけではないわけでございます。

○渡辺（朗）委員　私はいま御答弁いただいて大変不満でございます。というのは、説明書の四ページ、（3）のところに書いてありますけれども、この選択議定書は「締約国が十九箇国に留まっている事実からも窺われるところであるが、」云々と、こう書いてある。そして、これは今日の国際社会の現実のもとでは円滑に機能する最善の方法ではどうもないようだ、こういうふうにも書いてある。だからしてわが国政府としては、「同議定書を締結することは考えていない。」こう断じていらっしゃる。これは何のための人権規約であるのか。これはやはり発効させ、そしてこれを守り、これを広げていくことに意味があるのに、最初からそれを実施することはどうも疑問がある、だからして「同議定書を締結することは考えていない。」というのはちょっとおかしいのではあるまいか。ここら辺のことをどのようにお考えでございますか、お教えをいただきたい。

○賀陽政府委員　人権規約の内容をいかにして履行し、担保いたしますかというのは大変重要な問題でございまして、御指摘のとおりでございます。

　このほかに国連に対する報告制度というのがございまして、各締約国はその国における履行状況をリポートいたすわけでございまして、それに対して国連から、A規約、B規約では若干の差異はございますけれども、それぞれの締約国にいろいろ勧告をしたり意見を表明したりする、そういう

ことがございます。

　この制度の方はかなり実際的なものがあるのではないか、これは非常に
重視すべきものであろうと思っておるのでございますが、個人の出訴の問
題は、基本的には、たとえば日本である個人の方が人権侵害を受けた場合
には、日本のように完備したいわゆる救済制度が本質的にありますところ
においては国内においてその救済が行われ、なおかつ不満とされる場合に
出訴されるということはあり得ることでございますけれども、やはり制度
的には各国の動向をわれわれ慎重に見ておるのでございますけれども、
十九カ国にとどまっておるということもございまして、われわれとしては、
この文言が先生に若干の御不満を招く表現になっておるわけでございます
が、今後未来永劫に締結いたさない、こういう意味ではございませんで、
ひとつ運用状況も慎重に見守りながら今後先生の御趣旨も体して検討して
まいりたい、このような趣旨とぜひ御理解をいただきたいと思います。
○渡辺（朗）委員　この問題はまたこれからも論議をしたいところでござ
いますが、関連してもう一つ聞いておきます。

　選択議定書の締約国がわずか十九カ国にとどまっているがと言ってあっ
て、だから日本は入らないと。お尋ねいたします。先進国、そしてまた民
主主義をその社会体制としている国家において、十九カ国と言われるけれ
ども、どういう国があるのでございましょうか。
○賀陽政府委員　ただいまの御質問でございますけれども、ただいま十九
カ国ということが紙に書いてございましたが、これは正確にいま調べまし
たら二十一カ国でございます。

　それで、現在まで批准が行われております国は、国として申し上げます
と——一カ国ずつ申し上げますか。
○渡辺（朗）委員　特に先進国でかつ民主制度をとっている国ということ
でお願いします。
○賀陽政府委員　スウェーデンが批准をしております。それから、オラン

ダが批准をしております。ノルウェーが批准をしております。それから、イタリアが批准をしております。フィンランドが批准をしております。あとはかなり中南米の諸国が目立っておるようでございますが、ただいまは二十一カ国というふうに御理解をひとつ賜りたいと思います。（「訂正しないといかんよ」と呼ぶ者あり）

○渡辺（朗）委員　私は、人権規約という問題についての軽視というようなところが、いまのような御答弁を聞いていますと何か出てくるように思うのですよ。やはり正確にその点もこの文書の上には残しておいていただきたいし、それからまた、選択議定書も皆さんにお配りして審議もしていただく、こういう形にしてもらいたいと思います。

　いま十九カ国の中に民主主義体制をとっている国、こういう国が幾つか挙げられました。わが国がこの「議定書を締結することは考えていない。」こういうふうな物の言い方は、単なる不満とか、そんなことではございませんので、物の考え方の根本に私は関連してくると思います。これはなぜそういうふうな態度をおとりになったのか、もう一度はっきりとおっしゃっておいていただきたいと思います。それから、今後のお考えも聞かせておいていただきたいと思います。

○賀陽政府委員　二十一カ国になりました。これは修正の表をまだお回ししておりませんので、御提出の段階から変わりました事情でございますので、表を早急にひとつお手元に差し上げたいと思います。

　それから、ただいまの御質問でございますけれども、文言として「考えていない。」というのは、当面は考えていないということであると思います。この点は今後、先ほど申し上げましたように、この個人出訴の規定の運用状況を見まして判断をしてまいりたいと思います。

　それから、当面「考えていない。」ということの理由でございますけれども、これは先ほど申し上げた点でございますけれども、個人出訴のこのシステムが十分に作動いたしますかどうか、これについては多くの国が疑

念を表明し、審議過程においてその経過があらわれておるわけでございまして、わが国もその一カ国であったわけでございまして、その立場を根本的に変えまして、積極的にまずこの選択議定書に加入するという確信を得るに至っていない現況でございますが、ある程度こういうものは運用でございますので、運用の状況を見ながら、ひとつ先生御指摘の重要性もわれわれ忘れずに対処してまいりたいと思います。


（資料２）
国会会議録検索システム第87回国会衆議院外務委員会第10号昭和54年５月８日
https://kokkai.ndl.go.jp/#/detail?minId=108703968X01019790508&spkNum=105&current=-1
（外務委員会第10号14頁から抜粋）
○塩谷委員長　この際、大坪健一郎君、土井たか子君、渡部一郎君、渡辺朗君、寺前巌君、依田実君、楢崎弥之助君より、両件に要望決議を付すべしとの動議が提出されております。
　提出者より趣旨の説明を求めます。大坪健一郎君。
○大坪委員　私は、自由民主党、日本社会党、公明党・国民会議、民社党、日本共産党・革新共同、新自由クラブ及び社会民主連合を代表して、ただいま議題となりました動議についてその趣旨の御説明をいたします。
　案文の朗読をもって趣旨の説明にかえさせていただきます。
　　　　経済的、社会的及び文化的権利に関する国際規約の締結について承認を求めるの件及び市民的及び政治的権利に関する国際規約の締結について承認を求めるの件に対する要望決議（案）
　　　国際人権規約を批准するにあたり、人権及び基本的自由の尊重は、日本国憲法を支える理念の一つであることを十分認識し、政府は、左の事項

76

につき誠実に努力すべきである。

　一、国際の平和と人権の尊重が不可分の関係にあるとの立場に立脚し、
　　　人権及び基本的自由の国際的保障を確保するために、一層の外交的
　　　努力を行うこと。

　一、国際人権規約において認められる諸権利の完全な実現を達成するた
　　　め、当該規約の規定に従って必要な国内的措置を講ずること。

　一、すべての者は法の前に平等であり、人種、言語、宗教等によるいか
　　　なる差別もしてはならないとの原則にのっとり、外国人の基本的人
　　　権の保障をさらに充実するよう必要な措置を講ずること。

　一、男女平等の原則に基づき、政治・経済・社会・教育等あらゆる分野
　　　における婦人の権利の伸張に一層の努力を行うこと。

　一、国際人権規約の留保事項につき、将来の諸般の動向を見て検討を行
　　　うこと。

　一、任意的調停制度の宣言（B規約四十一条宣言）について、その制度
　　　の運用の実情を勘案し、積極的に検討すること。

　一、選択議定書の締結については、その運用状況を見守り、積極的に検
　　　討すること。

以上であります。

○塩谷委員長　以上で趣旨の説明は終わりました。

　採決いたします。

　本動議に賛成の諸君の起立を求めます。

　　　　〔賛成者起立〕

○園田国務大臣　ただいま、経済的、社会的及び文化的権利に関する国際
規約並びに市民的及び政治的権利に関する国際規約の締結につき本委員会
の御承認をいただきましたことにつき、心から厚く御礼を申し上げます。

　両規約は、国連で採択された人権に関する基本的な条約であり、内容が
広範多岐にわたるため、国会提出に至るまで検討に多大の時間を要したわ

77

けでありますが、かかる大きな案件を、今国会における審議の結果、御承認いただきましたことは、各位の御理解、御努力のたまものでございます。

　ただいま採択されました本決議につきましては、政府としては当然の義務であり、今後ともこの決議の趣旨を踏まえ、最善の努力をいたす所存でございます。

　ありがとうございました。(拍手)

────────────────

# 外国人のヒューマンライツ（その3）
## ——ヒューマンライツと人権は同じなのか？

（はじめに）

日本国憲法のもとで「人権」は、原則として日本「国民」に対して保障される国内法上の権利である。その憲法以下の国内法が外国人に対してどのように向き合ってきたかについて、（その１）で報告した。そのうえで、（その２）では、マクリーン最高裁判決（1978年）の直後である1979年に日本と国際社会のかかわり方についてこれまで体験したことがなかった大きな変化が起き、国際法によるヒューマンライツの保障の時代が日本にも到来したことを報告した。

それでは、この国内法の「人権」と国際法によって保障される「ヒューマンライツ」が同じなのか？という難問に、答えようと思う。そのためには、筆者の長い間の試行錯誤と揺れ動いた思索のプロセスを率直に紹介することから始めたい[1]。


## 第３．ヒューマンライツと「人権」は同じなのか？

### １．難問との出会い

#### ①　1988年神戸人権擁護大会で出会った難問

1988年神戸人権擁護大会[2]の実現は、広く多数の弁護士にヒューマンライツを保障する国際法の重要性を知らせるという成果をあげた。そのことは、（その２）で述べた。この神戸人権擁護大会開催の経過にふれておきたい。

国連ヒューマンライツ・センターの久保田洋人権専門官が来日し、世界ヒューマンライツ宣言40周年の記念行事を開催できないかとの提案を受け

---

1　（その２）の内容と重複する部分があることをご容赦いただきたい。
2　日弁連「神戸人権宣言」1988年11月５日参照。
　　https://www.nichibenren.or.jp/document/civil_liberties/year/1988/1988_1.
　　html　2021年10月５日閲覧。

た。そこで、筆者は、久保田洋氏と共に北山六郎日弁連会長を訪問し、直接協議してもらったのである。筆者は、その際二弁人権擁護委員会が開催した「国際人権セミナー」の情報を参考資料として北山会長に提供した。北山会長は、この国連の提案に大変乗り気で、「神戸には六甲アイランドに同時通訳設備を備えた国際会議場がある。そこで、人権擁護大会を開催するように提案してみたい」と即決したのである。だから、この人権擁護大会の準備には、国連の久保田洋氏と共に筆者もかなり関わった。

　幸い人権擁護大会はこれまでにないほど多数の参加者を得て熱気にあふれていた。人権擁護大会の当日は、筆者は、主催者側の関係者の一人として会場を動き回っていたところ、会場内の通路で参加者のある弁護士から呼び止められた。これまで会ったことがなかった方だったから、二弁の会員ではなかったはずである。筆者よりもずっと先輩に見えた。「これまでどうしても分からなくて困ってたんですよ。これで分かりました。「人権」と「ヒューマンライツ」は同じなんですね！？」という質問をぶつけられたのである。「そうですか〜？」というようなあいまいな応答をして、その場は終わった。

　このような質問は受けたこともなく、考えたこともなかったから、とっさのことで、どう応答してよいのかわからなかったのである。いったい何を困っていたのかさえ想像がつかなかった。その後、この「難問」は、繰り返し、繰り返し筆者の脳裏に反芻されるようになった。しかし、満足な回答がなかった。最近になって、これは本質的な疑問だったと思うようになった。今は、「「人権」と「ヒューマンライツ」は同じではないのです！」そのように回答すべきだったと反省している。

　この人権擁護大会の際に、「そうですか〜？」などとあいまいな応答をした筆者は、間違ったメッセージを発してしまったのである。この会員の方にお会いして謝罪する必要があると思う。なぜ、十分な応答ができなかったのか？率直に告白する必要がある。実は、「人権」を保障する憲法

以下の国内法と"human rights"を保障する国際法の関係についてその違い
をよく理解できていなかったのである。

　その後、筆者は、「"human rights"と人権はちがうのではないか？」と
いう疑問を持ち、さらにその訳語についてかなり深刻に考えこむように
なった。そして、近年、違いをはっきり認識できるように、"human
rights"の日本語訳として「ヒューマンライツ」とカタカナ表記する必要
があると判断するに至ったのである。その経緯を読者に理解していただく
ためには、筆者と法学との関わり全体について、その理解のしかたの変遷
のプロセス[3]を振り返ってみる必要があると思う。


## ②　海図なしで航海する船

　この1988年当時の筆者の状況は、たとえてみれば、混沌とした世界を海
図なしで航海する船のようなものだった。

　経験が通用しない事件にぶつかって混沌とした状況に出会った場合、弁
護士の習性としては、適切な専門家を探して教えを請うのが普通ではない
だろうか。日本の法廷を想定してみてほしい。筆者が体験した困難な事件
としては、薬害スモン訴訟があった。科学訴訟だったから、事実関係につ
いては徹底的な調査研究が必要だった。その調査のために、医学専門家の
助けを借りつつ医学専門図書館に通った。それでも解決しないので、日本
のみならず世界中の学界の権威者を訪ね歩いた。

　しかし、適用される法については、日本法であり、日本の裁判所が知っ
ているはずであるとされている。当事者を代理する弁護士の主張は、基本
書の通説と最高裁の判例を研究し、それが分かれている場合は、最先端の
研究者・権威者の学説を探す必要がある。法についても最後は、法学専門
家の意見を求める必要が出てくることがある。むつかしいのは、比較法の

---

　3　恥を忍んで率直に言うなら、長い「迷走」の過程と言った方が良いのかもし
　　れないと思う。

研究が必要になる場合である。外国法だから日本の裁判所は、ふつうは知らない分野である。最先端の法律問題を論議するときには、比較法の方法が参考になる。明治維新以降の日本の法学は、欧米の法学を受容して発展してきた。受容過程の初期は、多数の外国人である最先端の学者が日本の大学で教授した。

　さて、国際法の場合は、どうであろうか？国際法の研究は外国法の研究と混同する向きもあるかも知れない。このような誤解が生まれるのは、基本的な情報の多くが、英語など外国語で書かれているからではないか？しかし、国際法は、国家間の法であり、国内法とは違う。だが、憲法98条2項を通じて日本の裁判所でも適用されるとされている。

　しかし、日本国憲法が定める国内法上の「人権」と国際法が定める"human rights"は同じなのか？質問者は、筆者よりもはるかに鋭く、ことの本質をとらえていたのであろう。だからこそ悩んでいたのではないか。そして、専門家の教えを請おうとしても、日本では適当な専門家が見当たらなかった。常に専門家の助言を求めるという方法が通用しない分野があったのである。それを示す象徴的な、そしてやむを得ない事情もあった。

　権威者の学説を求めようと宮崎繁樹教授に会った記憶がある。お茶の水の山の上ホテルで食事をしながら教えていただいたときのことを記憶している。「国の賠償責任を証明するためには、日本が締結済みの条約を探し、その条約の規定に違反することを証明することが必要だ」ということだった。そこで、その研究を依頼したところ、「手助けをしてくれる若手の研究者を見つけて、時間をかけて研究する必要がある。しかし、今はむつかしいので、あなたが自分で研究するのが最善ではないか」と言う助言だった。

　この分野の最先端の専門家でも、具体的な事件については、その場で回答が得られるわけではないことを知って驚いた。如何に最先端の専門家でも、無理なことを依頼していたのだった。今思えば余りにも当然のこと

だったのだが、そのときの筆者にはその当然のことがわかっていなかったのである。

　1984年に精神障がい者のヒューマンライツの問題で、国連ヒューマンライツ委員会の小委員会に参加した時以来、何かと頼りにして、いつも助言を求めていた専門家があった。国連ヒューマンライツ専門官だった久保田洋氏の存在は、重要だった。筆者にとってはかけがえのない助言者になった。1988年神戸人権擁護大会は、久保田氏の助言なしには企画さえ立てることができなかった。ところが、国連ナミビア独立指導支援担当官となった直後の1989年6月28日ナミビアで急逝した[4]。国連手続を活用するときには、いつも頼りにしていた専門家を失って、途方に暮れた。

　先輩弁護士からは、法廷では、「ポーカーフェースを保て」と教えられた。だから、相手方にも、裁判所にも自分の弱みをさらけ出すことは控えなければならないという習性も身についていた。だが、ここではそれをやめる必要がある。筆者も、むやみに走り回る前に悩んで、海図にあたる基本的な情報を入手し、自らの位置を定めてから航海を始めた方がよかったのではなかったかとも思う。しかし、目の前にあって解決を迫ってくる問題は待ってくれない。筆者の事情を理解していただくためには、初めから振り返る必要がある。そのためには、訳も分からずに右往左往してネズミのように走り回ったプロセスを率直に告白するしかない。

　そのプロセスの前段は、筆者が法学を学びだした初めから始まった。


## 2．無知の時代を回顧する
### ①　1967年法学部学士編入
　筆者は、立教大学の理学部物理学科を卒業後、同大学の文学研究科修士課程で心理学を学んだものの、修士課程を修了しないままに中途退学した。

---

4　久保田洋『入門国際人権法』信山社、1990年の「筆者あとがき」が、絶筆になった。

　モラトリアム世代の一人だった。法学部出身だった父親の勧めもあって、弁護士になろうと同大学の法学部法律学科に学士編入した。

　1967年4月に編入後の1年間は、勉学に励み、とても充実していた。卒業に必要な専門科目の単位のほとんどは、この年に取得した記憶である。最初に履修した専門科目の一つが憲法学だった。むつかしい問題を平易に解きほぐして解説してくれた宮沢俊義教授の名講義は今でも忘れられない。「横からの革命」によって成立した戦後新憲法の柱の一つとして、基本的「人権」の重要性を説くものだった。宮沢教授の『憲法』（有斐閣）が教科書に、岩波文庫の『人権宣言集』（高木八尺＝末延三次＝宮沢俊義編）が教材として指定された。司法試験受験を目指していた学生の多くは、宮沢教授の有斐閣法律学全集『憲法Ⅱ』（基本的人権）も司法試験に合格するための「必読書」だと噂していた。同教授は、当時の憲法学の「最高権威」と高く評価されていたこともあり、授業には必ず出席した。その後の司法試験受験の過程では、これらの基本書を何度も繰り返し読むことになった。筆者の勉学姿勢は、これらの基本書をバイブルのように学んでいたのである。批判的な視点を持つような学問的基盤も皆無だったから、これらの書物に後述するような問題点が含まれているとはつゆほども思わなかった。

　1968年4月からの編入後2年目は、激動の1年だった。国際法はわずか2、3回の講義（山本草二教授）に出席しただけだった。教科書に何が指定されていたのかさえ記憶がない。安保条約について言及されていたことは記憶に残っているが、「人権」についても「ヒューマンライツ」についてもなにも記憶に残っていない。

　1年間のほとんどの期間は、ストライキで授業はなく、学年末に試験を受けただけで終わった。百家争鳴の時代だった。筆者は、司法試験受験を目指していたのだが、時代に流され、右往左往してほとんどまともな勉強もできないままに落ち着かない1年が過ぎていった。ストライキ（大学管

理法案に反対した）で授業がなくなったのである。しかし、その間に一般のノンポリ学生の一人としてだが、それなりに発言も議論への参加もたくさんした。この時代の中で、既存の権威を疑い、大学の改革について真剣に考えたことは無駄ではなかったと思う。自分で考え、無い知恵を絞っていろいろな論議をした。そのこと自体はすべてが間違いだったとは思わない。

　もしかすると、この時の経験が、その後権威を疑う研究の姿勢や視点の基礎を準備したのかもしれないとも思う。そういう肯定的な側面もあったのではないだろうか。学問も研究も自ら選択して自由に進めるべきだという理由から、国家、大学、その他の権威が学生を枠にはめこむように強いることに反対した。だが、その原則をどのような場合にも適用しようとして主張したことは間違いだったと思う。現実の問題をほとんど知らず、その解決のためにどのような学問研究が必要になるのかについても思いが至っていなかった。そのことは深く反省している。

　「我ながら愚かなことを考えたものだ」と反省していることがあるので、告白しておきたい。「英語を必修科目とするのはやめ、必要とする学生のみが選択科目として学べばよい」と主張したのである。今思うと問題が多い。この主張をぶつけて教員と議論したときのことだが、ある教員から「語学は、いつ必要になるかわからない。いざ必要になったときにつけ焼き刃では学べない。だから必修にして誰でも英語を習得できるようにしなければならない」という反論を受けた。

　このことをよく記憶しているし、何度も思い出しては何度も反省せざるを得なかった。国際法について調べようと思えば、最低限度英語の資料を読まなければならなくなる。しかし、愚かなことに、自らがその後ぶつかる重大な問題の解決のために、国家間の法を研究する必要が出てくるとは夢にも考えなかったのである。いまでは、筆者は、この点で自分の主張が根本的に間違っていたと反省している[5]。

　このころ世界はどう動いていたのだろうか？

　1966年に国際ヒューマンライツ規約が国連総会によって採択された。これは、筆者が法学部に編入する前年であり、この事実を知る由もなかった。

　しかし、日本の最先端に位置する法学者にはこの情報は入っていた。たとえば、後に最高裁判事になった伊藤正己は、当時東大教授（英米法・憲法専攻）だったが、このことについて次のように書いている。

　「国際人権規約が1966年国連総会で採択されたとき、私はその詳細な人権の内容に眼をみはるとともに、それは法的拘束力のない世界人権宣言と異なり、法的効力をもつ条約として国をしばるものであるから、日本がこれに署名批准をした場合の我が国の法体系に与える大きな衝撃を思わざるをえなかった。その各規定は日本国憲法に比して細かな点にわたっており、違憲の主張についてこれを却けうるときでも、その合憲の論拠をもってしては規約違反の主張に対応できないことが少なくないと考えられた。」[6]

　筆者が法学部に編入した翌年1968年には、日弁連長崎人権擁護大会で、「世界人権宣言を具体化した二国際規約の批准に関する件（第一決議）」[7]が以下の通り採択された。

　　　われわれは、「国際人権年」であるこの年にあたり、人権の尊重を基本原則とする日本国憲法の精神にかんがみ、世界人権宣言を具体化した「市民的及び政治的権利に関する国際規約」（同附属選択議定書を含む）および「経済的、社会的及び文化的権利に関する国

5　戸塚悦朗『日本の教育はまちがっている』アジェンダ・プロジェクト、2013年。

6　①伊藤正巳「国際人権法と裁判所」『国際人権』1号、1990年、7-11頁。②編集代表芹田健太郎・棟居快行・薬師寺公夫・坂元茂樹『国際人権法と憲法』信山社、2006年、5-15頁は、①の転載。

7　「世界人権宣言を具体化した二国際規約の批准に関する件（第一決議）」https://www.nichibenren.or.jp/document/civil_liberties/year/1968/1968_2.html　2021年11月22日閲覧。

際規約」につき、政府及び国会が速やかに批准の措置をとり、以て
人権の分野において国内的にも国際的にも一段の進歩発展に寄与さ
れるよう要望する。

　右決議する。

（昭和43年10月16日、於長崎市、第10回人権擁護大会）


　この決議案の提案者は、第二東京弁護士会の会員である森川金寿弁護
士[8] であった。同弁護士は、世界の最先端で活躍していたからこそこの情
報を早くから入手することができたのであろう。この決議を通じて日弁連
会員にその重要性を知らせ、さらに政府と国会にこの重要な条約の締結を
求めたかったのであろう。日弁連は、この決議を内閣総理大臣、外務大臣、
衆・参両院議長に送ってその速やかな批准を要望した。今思えば、この決
議は、日弁連の早期の決議であり、画期的だった。「市民的及び政治的権
利に関する国際規約」のみならず、「同附属選択議定書を含む」批准要望
にも言及していることに注目したい。

　このころ筆者が何をしていたのかを振り返ってみると、法学部学士編入
後２年目で、授業で指定された教科書と参考書以外には、司法試験の準備
に必要な基本書しか読んでいなかった。学生だった筆者には、日弁連の決
議を知るすべもなかった。

　幸い1970年に司法試験に合格し、1971年司法研修所に入所し、２年間の
司法修習を終えた。この間にヒューマンライツを保障する国際法について

---

8　「森川金寿として　父として」2015-11-28 19: 26: 41　御苑のベンゴシ森川文人
　のブログ　https://ameblo.jp/mfb1991/entry-12100561820.html
　　2021年11月22日閲覧。このブログでは、「1991年に弁護士となり、20年以上を
　弁護士として様々な職務・活動をしてきました。」と自己紹介しているほか、父
　森川金寿の人となりについても詳しく執筆している。森川金寿弁護士は、自由
　人権協会の代表を務め、ベトナム戦争に反対した「ラッセル法廷」に加わるな
　ど国際的に活躍し、世界の最先端の動向に通じた稀有の弁護士だった。

学んだ記憶は皆無である。これについてなにも知らなかったのは、その当時の大学教育や司法修習の欠陥だったと思う。しかし、大学でも司法研修所でも教授しないなら、自ら研究しようとする努力をしなかったところに、より根本的な問題がある。だが、筆者には自ら研究する余裕がなかったばかりか、研究しようという契機もなかったのである。

### ②　日本はなぜ情報不足に陥ったのか

ヒューマンライツを保障する国際法がなぜ日本の大学で広く教授されてこなかったのか？その謎を解くひとつのヒントがある。

前記した久保田洋博士は、生前「国際人権法」を大学で積極的に教えるべきだと主張し続けていた。それもあって、筆者は、ある私立大学で国際法を教えていた新進気鋭の若手教授に会った際に、「国際人権法の講義を開講していただけないでしょうか」と尋ねたことがあった。「むつかしいですね」と言うのでその理由を尋ねたところ、「怖いからです」という意外な答えが返ってきた。

日本で「人権」というと部落解放運動を連想する人たちも少なくなかった。与野党を通じて、「人権問題は、部落解放問題だ」という政治家が多かった。日本の状況を見ると、それは間違っていなかったと思う。就職や結婚に関連して部落民差別被害が日本社会のいたるところに広範にあったことは事実だ。そのことは、筆者自身も直接知っていた。部落民差別事件が起きると、「確認糾弾」という集団闘争によって差別解消を被害者たちが加害者に要求するという運動方針もあった。だから「人権は怖い」と感じるのだろうか？そう尋ねてみたが、「そうではない」という返事である。理解ができなくなって、「では何が怖いのですか？」と尋ねた。すると、「伝統的な国際法が壊れる恐れがあるからです」と言うのである。その若手教授は、東大出身だったが、学生時代の指導教授だった国際法の権威者がそのように言っていたと告白するのだった。

その当時の、国際法を専門とする日本の学界のなかには、ヒューマンライツを保障する国際法を恐れ、忌避する雰囲気があったことを初めて知った貴重な体験だった。今振り返ってみると、指導教授が恐怖し、その恐怖がこの若手教授に伝染していたのには、それなりの理由があったのかも知れない。

　当時、国連を中心とする国際社会の中で、ヒューマンライツという全く新しい分野が急成長し始めていた。もともと国際法は、「国家」間の法だった。ところが、国連憲章の採択以来、"human"「ヒューマン」が登場し、戦前から日本に伝えられていた伝統的な法体系の思考と研究の方法だけでは理解を越える現象が起きはじめていた。敗戦後、国際社会から切り離された日本の官界も、政界も、学界も、法曹界もこの変化を学ぶことが困難だったという事情があった。

　その間に、現実にヒューマンライツ分野が爆発的に成長しはじめて、国連自身が対応できなくなってくる程の変化を遂げてきた。国連機構内でヒューマンライツを保障する国際法の実務を担う国連事務局も急成長して、「ヒューマンライツ部」は、「ヒューマンライツ・センター」になった。それは、さらに、1993年ウィーン世界ヒューマンライツ会議を契機として、「ヒューマンライツ高等弁務官事務所」（OHCHR）へと急成長した[9]。

　日本人の国連職員は少なく、外務省など官界も国会も大学も裁判所も弁護士会も報道機関も、ヒューマンライツを保障する国際法の発展についての情報が乏しかった。よく知らない分野は、「恐ろしい」と感じるのも無理はなかったのかも知れない。「恐ろしい」と関与を避けていると、悪循環が起きて、ますます情報が少なくなる。そうすると、この分野全体がモンスターのように見えてきて、日本は、ヒューマンライツを保障する国際法を敬遠し、これに対して敵対的な態度をとるようになってしまったので

---

9　Rosalyn Higgins, Philippa Webb, Dapo Akande, Sandesh Sivakumaran, and James Sloan, *Oppenheim's International Law: United Nations*, pp. 791-811.

はないだろうか。

　そのような日本の態度を筆者は、「精神的な鎖国」と名付けてきた。


### ③　筆者の初期の弁護士活動

　筆者は、1973年第二東京弁護士会及び日本弁護士連合会入会し、「柏木博法律事務所」に籍を置いて弁護士になった[10]。それからは、日常の弁護士業務だけでなく、原告被害者代理人として薬害スモン訴訟に専念することになった。

　スモン訴訟については前記したが、被告の一つが国際企業で、法廷では英語がとびかう科学訴訟だった。「外国人証人反対」と唱える弁護団もあったが、外国人専門家が証人として採用されることを阻止できなかった。否応なく対応を迫られた筆者らの弁護団（スモン訴訟東京第二グループ弁護団）は、積極的に対抗するために欧米を訪問調査した。だが、それは科学的な問題についてだけだった。幸い原告側が勝訴し、多数の原告団と弁護団がかかわった複雑な訴訟を第１審段階で全国的に早期解決することができた。それは原告被害者、弁護士、支援者の多大の努力もあったが、被告国・製薬会社、なによりいわゆる「仲裁和解」による解決方式を確立した東京地裁（可部恒雄裁判長）など多数の地方裁判所の努力によるものだった。そして、幸運にも感謝しなければならないと思う。ただ、適用法規も手続き法規も、日本の国内法で対応できた。だから、ヒューマンライツを保障する国際法について研究する必要もなかった。

　このころのことだが、日弁連は、1979年「国際人権規約の発効に伴う国内法の整備等に関する決議」[11]を採択した。筆者は、スモン訴訟に専念し

---

10　2000年３月公務就任のため弁護士会を退会したが、2018年弁護士再登録した。
11　「国際人権規約の発効に伴う国内法の整備等に関する決議」
　　「日本弁護士連合会は、かねてより国際人権規約の重要性を認識し、その早期批准を強く要望し、国民各層と協力してその運動を推進して来た。今回、日本政府が国際人権規約を批准し、昭和54年９月21日国内においても効力を生ず↗

ていたときだったので、昼夜を通じて超多忙で、弁護士会の情報にはほとんど目を通すこともなかった。だから、この決議にも注目しなかったし、ヒューマンライツを保障する国際法には関心を持たなかった。

　ところが、ヒューマンライツを保障する国際法に関心を持たざるを得なくなった契機が、次のような偶然から訪れることになったのである。その前段になる経過に少し触れてみたい。

　法務省が計画していた刑法全面「改正」に反対する運動が必要になり、1974年日弁連は、「刑法「改正」阻止実行委員会」を設置した。1976年に、柏木博弁護士が日弁連会長になってすぐのことだったが、会長からの指名によって、同実行委員会の委員に任命されてしまった。スモン訴訟で超多忙だった筆者は、同実行委員会にはほとんど欠席せざるを得なかった。しかし、長らく欠席していたうちに、大変な問題が起きていることがわかった。

　二つ問題があった。第一は、筆者ら委員には知らせないままに、同実行委員会の主要メンバーと日弁連執行部が法務省と秘密協議を始めたことがわかったのである。筆者は秘密交渉に反対した。結局、法務省と日弁連の間で「刑法問題意見交換会」が開かれるようになったが、「意見交換会会議録」が公開された。

　第二の問題は、「保安処分」導入の可否の問題だった。これはより複雑

___

↘るに至ったことに対しては、心から歓迎の意を表するものである。今後は、国際人権規約の趣旨に従って、国内法の整備、行政運営の改善および国際的な基準に沿った人権擁護体制の確立を求めて、特に次の事項を提言する。立法的措置としてあらゆる分野における男女平等の徹底、社会保障・雇用等における内外人差別の解消、被拘禁者を人間的に処遇するための監獄法改正、人権を侵害するおそれのあるあらゆる立法の阻止。恣意的な入管行政の抜本的改善、人権と平和の教育を徹底させるための教育行政の改善。人権規約の諸規定を、裁判規範として機能させ、司法の人権保障機能を強化させること。右決議する。」
　1979年（昭和54年）11月17日　第22回於福岡市
　https://www.nichibenren.or.jp/document/civil_liberties/year/1979/1979_4.html　2021年11月22日閲覧。

な問題で、日弁連は「精神医療の改善」を代案にして「改正」を阻止しようとした。筆者は、ヨーロッパで保安処分が成功しているとの主張を支えに法務省が提案していた「改正」案にも反対だったが、他方、この日弁連方針にも懐疑的だった。それは、ヨーロッパの保安処分の実態も、日本の精神医療の実態も良くわからなかったからだった。

### 3．国際法との出会い

#### ①　ヨーロッパの保安処分実態調査から

　スモン訴訟が一段落して時間的な余裕ができていたこともあり、筆者ら弁護士、国会議員、医師の有志グループは、ヨーロッパの保安処分の実態調査をした。その成果は、『諸外国の保安処分制度』[12] として出版された。この調査の一環として、筆者は、1981年6月英国を2週間訪問するなどして、英国の保安処分施設の実態、精神保健法などの法制を調査した。法務省は、諸外国で精神障がい者の保安処分がうまく運用されているから、精神病者の再犯防止のために有効な制度だと主張していた。だが、その主張はこの実態調査で崩れてしまった。実際は、諸外国のどこでも問題だらけで、法務省の主張は誤りだったことがわかってきた。

　この調査で明らかになったのは、保安処分の導入が必要なのではなく、精神医療とヒューマンライツの問題にこそ焦点をあてて対応する必要があることだった。パラダイムシフトが起きたのだ。

#### ②　「日本の恣意的拘禁は、自由権規約違反」という主張の公論化

　筆者は、英国と日本を比較し、拘禁を乱用してすでに保安処分施設化していた日本の精神病院群の実態こそが問題であり、ヒューマンライツ擁護のために精神衛生法を改正する必要があるという主張を第二東京弁護士会

---

12　泉博編『諸外国の保安処分制度』日本評論社、1983年。筆者の分担執筆部分は、戸塚悦朗「イギリスの保安処分」同書、229-293頁。

刑法改正特別委員会の中でとなえた。それを広く社会的にも訴えはじめた[13]。

　この声にこたえて、第二東京弁護士会人権擁護委員会に新設された精神医療人権部会は、宇都宮病院事件などによる恣意的拘禁による人権侵害事例を調査し、精神衛生法改正の必要性を国会関係者やメディアに訴えた[14]。その主張の法的根拠として依拠したのは、日本の精神衛生法が国際人権（自由権）規約9条4項に違反するという第二東京弁護士会刑法改正特別委員会と人権擁護委員会による研究成果だったのである[15]。

　第二東京弁護士会の二つの委員会が自由権規約9条4項にたどり着いたのには、かなり複雑な経緯がある。筆者がヒューマンライツを保障する国際法に出会ったのはこのときであり、重要なプロセスなので、少し詳しく振り返ってみたい。

　前記のとおり、精神障がい者への保安処分に対する疑問から始まって、1981年6月に英国訪問調査をしたことが契機になった。このときに精神障がい者のヒューマンライツ活動で世界的にも著名な英国MIND（精神保健協会）の法律部長L.ゴスティン弁護士に会うことができた。同弁護士は、当時欧州ヒューマンライツ裁判所で係争中だったX対英国事件（犯罪を犯した精神障碍者の権利に関する事件）や国連の精神障がい者権利宣言審議状況などに関する情報を教えてくれた。英国の保安処分制度を研究するう

---

13　戸塚悦朗「精神障害者の人権確立を──保安処分以前に違法拘禁なくせ」朝日新聞論壇、1982年3月5日。当時筆者は、第二東京弁護士会刑法改正特別委員会委員だった。

14　第二東京弁護士会人権擁護委員会のこの調査結果は、戸塚＝広田編『精神医療と人権（1）「収容所列島日本」』亜紀書房、1984年；戸塚＝広田編『精神医療と人権（2）「人権後進国日本」』亜紀書房、1985年；戸塚＝広田編『精神医療と人権（3）「人間性回復への道」』亜紀書房、1985年として公表されている。

15　戸塚悦朗、光石忠敬、喜田村洋一著「ヨーロッパ人権裁判所判決と精神障害者の人権──改革を迫られる日本の精神衛生法制」『ジュリスト』779号（1982年12月）。

えできわめて重要と思われ、これらについても研究を迫られた。その年11月、Ｘ対英国事件でゴスティン弁護士が完勝し、その判決文が送られてきた。

　この判決は、衝撃だった。今思うと、二つの点で画期性があった。

　一つは、英国の国内訴訟で敗訴した事件で、被害者個人が超国家的な国際裁判所に訴えて、逆転勝訴できたことだった。日本では夢にも見ることができないことである。筆者は、それまでにも国際司法裁判所の存在は知っていた。だが、それは国家間の紛争を解決する国際司法機関である。国家が当事者になるのであって、個人は当事者にはなれない。それにもかかわらず、個人の訴えを受けることができる欧州ヒューマンライツ裁判所が現実に存在するという事実を知ったのは、衝撃そのものだった。筆者は、ゴスティン弁護士に教えてもらうまでその存在を全く知らなかった。

　第二の驚きは、判決の中身だった。英国には、精神保健審査会（MHRT）のような独立の準司法機関があって、被拘禁精神障がい者は釈放決定を求める法的不服申し立て権を持ち、これを審査する聴聞手続きが確立されていた。ただ、その精神保健審査会も、裁判所から制限命令（これが保安処分制度なのである）が付された者については、国内法上釈放決定をすることができない。ところが、欧州ヒューマンライツ裁判所は、この制限命令を欧州ヒューマンライツ条約（５条４項）[16]違反と判断し、Ｘの釈放を命じたのである。

　筆者は、早速この衝撃的判決を第二東京弁護士会（刑法対策特別委員会ほか理事者など）に知らせた。精神障がい者を原則的に拘禁せずに開放処遇している英国にくらべ、日本では、30万名を超える精神病院入院者を原

---

16　人権及び基本的自由の保護のための条約（欧州人権条約）５条４項：逮捕または抑留によって自由を奪われた者は、裁判所がその抑留が合法的であるかどうかを迅速に決定するようにおよびその抑留が合法的でない場合にはその釈放を命ずるように、手続をとる権利を有する。広部＝杉原編集代表『解説条約集』（2006年）三省堂、217頁。

則的に閉鎖病棟に収容していた。そればかりか、無期限に拘禁されている精神障がい者に対して、法律上の不服申し立て権も聴聞手続きも、何ら保障していないのだ。日本が欧州ヒューマンライツ条約の加盟国ではないことを嘆き、ヨーロッパを羨望するばかりだった。筆者は、第二東京弁護士会の委員会だけでなく、知り合いに会うたびにこの話ばかりした。多くの人たちは、このような実態を全く知らず、ただ絶句するばかりだった。

　このころのある日のことだった。1981年のヨーロッパ調査にも加わった第二東京弁護士会会員の永野貫太郎弁護士（当時）が、わざわざ筆者の出先まで追いかけて電話をしてきた。「あった。あった！」と興奮していた。「欧州ヒューマンライツ条約（5条4項）そっくりの条文が六法に載っている。市民的及び政治的権利に関する国際規約9条4項[17]がそっくり同じだ」と知らせてくれたのである。自由権規約は社会権規約と共に、1979年に批准され、1980年からは六法全書に掲載されるようになっていた。にもかかわらず、それまでは筆者はこれを読んだことがなかったことを反省し、早速確認して見て、両者の条文が余りにも似ているので驚いたのである。

　第二東京弁護士会理事者は、この問題は、もはや刑法「改正」対策の問題ではなく、精神障がい者の人権の問題だとして、人権擁護委員会で取り扱うべきだと判断した。人権擁護委員会の副委員長に選任された筆者は、「精神医療と人権部会」の部会長（1982年5月から）として、このX対英国判決の先例となった1979年ウィンターウェルプ判決も委員会で翻訳し、研究を重ねた。これらは、委員会の研究成果の公表出版物に含められた[18]。

　その研究の柱になったのは、前掲注の『ジュリスト』（779号）に掲載された論文「ヨーロッパ人権裁判所判決と精神障害者の人権——改革を迫ら

---

17　逮捕又は抑留によって自由を奪われた者は、裁判所がその抑留が合法的であるかどうかを遅滞なく決定すること及びその抑留が合法的でない場合にはその釈放を命ずることができるように、裁判所において手続をとる権利を有する。

18　第二東京弁護士会人権擁護委員会編『精神医療人権白書』悠久書房、1987年。

れる日本の精神衛生法制」（戸塚悦朗、光石忠敬、喜田村洋一3名の連名）だった。筆者は、それまで法律雑誌に論文を発表した経験はなかった。弁護士として法廷で法律論は主張したことはあっても、研究者ではなかったので、学問的な批判に耐える法解釈論を展開できているのかどうかについてテストを受ける必要があった。そのためには、前掲の朝日新聞「論壇」のエッセイだけでは不足だということは自覚していた。

　そこで、思い出したのが大学時代の田宮裕教授だった。米国流ロースクールを思わせる刑事訴訟法の授業では、ケースブックを教科書にして、学生に質問をしながら講義を進める方法なので予習が欠かせず、いつも緊張を強いられた。最後の講義は、「10年間はアフターサービスをするから、質問があれば訪ねてきてもよい」との約束で締めくくられた。そのことをよく覚えていた。田宮教授は、刑事訴訟法学会では先進的な研究者として知られていた。保安処分制度は、刑事訴訟法の問題でもある。授業での約束を頼りに、第二東京弁護士会のために執筆した論文を田宮教授に送って、意見を尋ねた。ありがたいことに、田宮教授から「自宅に来るように」との連絡があった。論文について懇切な助言をもらうことができた。まるで面接試験を受けているような気分だったが、修正の指導があったのは2点[19]だけで、論旨についてはそのままパスした。田宮教授が、「この論文は重要だとおもうので、修正が済んだら出版できるようにジュリストに紹介しよう。」と約束してくれた。田宮教授の支援がなければ、ジュリスト論文は出版されなかっただろう。この「アフターサービス」には、今でも深く感謝している。

　このジュリスト論文の出版は、筆者にとっては、第二東京弁護士会人権

---

19　田宮教授の第1の助言は、「欧州人権裁判所と言っても、日本では知っている人はほとんどいない。ある程度詳しい説明が必要だから加筆が必要だろう。」ということだった。第二点は、「弁護士特有の断定的な表現は、かえって説得力を減らすから、注意するようにした方が良い。」という表現上の問題だった。

擁護委員会の研究成果が学問的なテストに合格した証拠という意味を持っていた。

　それ以後は、30万名にものぼる国際法に違反する違法拘禁問題を解決するためにはどうするのか？それが筆者の課題になった。しかし、そのためにはどのような方法が実効的なのであろうか？

　最大の問題は、そのための実効的な法的手続きがなかったことだった。

　国内訴訟での見通しは暗かった。日本の裁判所が批准したての自由権規約違反の主張を認めるとは全く予想できなかった。日本での先例もないのだ。最高裁で敗訴したら、そのあとは何ができるのか？個人通報権を行使できるかという問題になると、自由権規約選択議定書が未批准であることが障害になって、自由権規約委員会への通報ができない。実体法があっても、訴訟手続法がないのである。

　自由権規約の政府報告書審査を待って自由権規約委員会に政府報告書に対するカウンターレポートを提出することはできるだろう。しかし、自由権規約委員会の勧告が出ても、日本政府は「勧告には法的拘束力がない」と無視すると予想できた。

　国内で立法運動を進めるしかないと思われた。前記したヨーロッパの保安処分制度調査に参加した梅野泰二衆議院議員（弁護士・第二東京弁護士会会員）を通じて精神病院の実態調査を進めていた社会党の政策審議会から情報提供を受けることができた。それが契機となり、社会党社労部会の国会議員と情報交換ができるようになったことから、国会審議を通じた精神衛生法改正運動を進めるという現実的な展望が開けてきた。

　第二東京弁護士会人権擁護委員会でも精神病院の実態調査をすすめ、かなりの数の虐待死事件を含め、精神病院（宇都宮病院を含む）への大量違法拘禁の実態、精神衛生法の自由権規約違反の欠陥などがあきらかになった。宇都宮病院事件については、1984年３月15日の参議院予算委員会審議を忘れることができない。社会党国会議員（高杉廸忠参議院議員）による

質問の前日である3月14日にその予告記事が主要メディア（朝日、毎日、読売3大紙各朝刊）によって暴露された[20]。

　それでも力不足だった。厚生省当局（精神衛生課長を含む二人の課長）が筆者に協議を求めてきた。筆者は、法改正を求めたが、厚生省側の答えは、「厚生省限りでは法改正は実現できない。法改正案は次官会議と閣議を通す必要があり、全員一致の原則があるので、一つでもどこかの省が異議をとなえるとつぶれてしまう。」と言うのである。保安処分がらみで、法務省が異議を唱える恐れがあった。厚生省は三局長通知にとどまらず、「省令制定による対応までは約束できる」と言っていた。担当課長らの誠意は疑わなかった。だが、省令では厚生大臣が交代すれば変えられてしまうおそれがあった。

　これでは法改正は実現しない。


### ③　日弁連は法改正に消極的

　端的に言えば、二弁と日弁連とは精神医療政策に対する認識が対立していて、主張の違いを克服できていなかったことも問題だった。

　日弁連は、法務省や裁判所よりも、精神医療に携わる人々に信頼を寄せて保安処分問題を解決しようとしていた。これに対し、二弁は、保安処分導入をとなえる法務省に対して批判的であったことは日弁連と同じだったものの、すでに保安処分的に運用されていた精神医療の実態について調査し、その担い手に対して批判的になっていた。拘禁と行動制限の権力を法によって与えられていた精神医療（とりわけ私立の精神病院群）は、法律によってコントロールする必要があると考えるようになっていたのである。二弁の主張は、ヒューマンライツを保障する国際法（自由権規約9条4項と欧州ヒューマンライツ裁判所判決）を根拠にしていた。

---

20　戸塚悦朗「序　宇都宮病院事件をめぐって」前掲『精神医療と人権』（1）、3-20頁。

二弁は、この問題で、三年越しで日弁連人権擁護大会の決議案を提案していた。その努力が実って、日弁連人権擁護大会は、以下のとおり1984年10月20日「精神病院における人権保障に関する決議」[21] を採択した。

> 精神障害を理由として精神病院に収容される者の人権を保障することは、適正な精神医療の確立にとって欠くことのできない土台である。
>
> この観点から、国と地方自治体及び医師をはじめとする精神医療関係者が、緊急に次の措置をとるよう要望する。
>
> 1．精神病院における入院患者に対し、検閲なく通信を行い、かつ、通信を受ける自由及び立会人なしに面会をする自由を具体的に保障する措置をとること。
>
> 2．入院を強制される者が、何時でも弁護士による援助を受けることができるように、そのための制度的な方策を検討すること。
>
> 3．入院中の行動制限は、医療上、真に必要な範囲に限られるべきであり、決して濫用されてはならないこと。
>
> 4．公正で自立性をもった第三者的審査機関の設置をはかり、患者、家族の第三者的審査機関に対する不服・救済の申立権を保障すること。
>
> 右宣言する。
>
> 昭和59年10月20日
>
> 日本弁護士連合会

---

21　日弁連人権擁護大会1984年10月20日「精神病院における人権保障に関する決議」
https://www.nichibenren.or.jp/document/civil_liberties/year/1984/1984_5.html　2021年12月28日閲覧。

　この決議の内容は重要である。「2．入院を強制される者が、何時でも弁護士による援助を受けることができるように、そのための制度的な方策を検討すること」と、40年近くたった今でも未だに実現していない重要な課題をあげている。今これを読む人々は、当時の日弁連と二弁の間で繰り広げられた激しい論争と葛藤を想像できないであろう。人権擁護大会の舞台裏の交渉のプロセスを今でもよく記憶している筆者は、この妥協の結果に「涙をのむ」思いをした。しかし、40年近くも後の今、それを知る人もほとんどいないと思う。

　しかし、決議の理由の行間を読まない限りこの決議の隠された問題点も理解できないと思う。ここに書き込まれていないことが何か、と言う視点が必要である。

### ④　日弁連決議の問題点は、3点ある。

① 　二弁が提言した「精神衛生法改正」はおろか、「法改正」という言葉は一切書かれていない。理由の最後に出てくるのは、「日本における諸制度・慣行についても、これらの基準・事例を参考として検討し直すことが不可欠である」と言うもってまわった表現である。日弁連としては、「昭和57年2月20日当連合会全体理事会が採択した「精神医療の改善方策について」の意見書」の内容をこの決議の柱としていた。「精神医療の改善」をもって刑法「改正」による保安処分導入の代案とすることを推進した日弁連としては、医療に任せることによって解決するという方針だった。だから、司法の介入を招くおそれがあるとして、「司法審査」を求めることも、「法改正」と言う言葉を入れることにも強く反対した。

② 　二弁が主張の柱とした、「裁判所において解放決定を受ける権利」への言及も避けた。二弁が理論的な根拠とした欧州ヒューマンライツ裁判所判決の記載もない。自由権規約9条4項の条文も入らなかった。

その代わりに、「第3者的審査機関の設置」という妥協案が書き込まれた。

③　妥協的に書きこまれたのは、「6．国連第30回総会が採択した障害者の権利宣言（1975年）、国際人権B規約（日本では1979年発効）、第7回世界精神医学会ウィーン総会が採択したハワイ宣言（1983年）、国連人権委員会・少数者の差別防止保護小委員会で検討中のダエス報告書（1983年）などは、これらの通信・面会の権利や弁護人依頼権、イギリスの精神衛生審査会のような公正で自立性をもった第三者的審査機関の審査を受ける権利など、精神障害を理由に拘禁される人々の基本的権利について規定しており、日本における諸制度・慣行についても、これらの基準・事例を参考として検討し直すことが不可欠である。」という表現でしかなかった。

　ここでは、法的拘束力がある批准済みの自由権規約（国際人権B規約）も各種国連宣言も国連報告書も区別なく列挙されている。英国法の精神衛生審査会のような比較法の視点も並列に書きこまれていることにも注目すべきだろう。日弁連関係者からは、国連によって制定されてきたヒューマンライツを保障する国際法も比較法の対象である外国法の一種と誤解されていた可能性もある。

　残念だったのは、「裁判所において解放決定を受ける権利」への言及も欧州ヒューマンライツ裁判所判決の記載もなかったことだった。何よりも、自由権規約「9条4項」の条文が決議にもその理由にも入らなかったことは大問題だった。これは、法的な拘束力がある法である。だから、これに違反した精神病院への拘禁はすべて違法の拘禁が継続していることになる。二弁は、そう指摘していたのだが、この最も重要な二弁の主張が決議にもその理由にも書かれなかった。違法だから、単に、「参考として検討する」のでは対応ができない。日本国が締結した条約は、拘束力がある法である。国は、憲法98条2項が定めるようにこれに従わなければならない。

102

法律より優位にある法規なのである。比較法のように参考にすることで足りる問題とは、全く異質の違法状態が大量に起きていることをこの決議は無視していた。

　ヒューマンライツを保障する国際法をめぐる日弁連と二弁の厳しい葛藤はどのようなものだったのであろうか。実は、人権擁護大会決議に至るまでには、すでにその伏線となるいくつかの象徴的な事件が起きていた。筆者が今でも忘れることができないほどの衝撃を受けた以下の二つのエピソードを紹介しておきたい。

　それまでの日弁連の会内討議の過程で、筆者は、関連する国際法上の主張を支える根拠として、二弁の研究成果を日弁連側に提供しようとして、かなり努力した。ところが、突然、二弁の国際法関係の研究成果に関する資料の配布が禁止されてしまい、事前配布済みの資料がすべて回収され、廃棄されてしまうという事件が起きた。資料なしでは、複雑な研究成果を短時間で報告することは極めて困難だった。

　もう一つは出版に関わる事件だった。1984年から85年にかけて亜紀書房から出版された『精神医療と人権』3巻（前掲注参照）は、二弁人権擁護委員会の研究成果を広く公表した出版物である。この3巻の本は、元々二弁人権擁護委員会編集で出版されるという企画のもとで、1984年度の二弁会長（坂本健之助弁護士）が契約書に調印していた。ところが、その出版が突如挫折したのである。坂本会長が「私は、日弁連の副会長でもあり、日弁連には従うしかないので、この出版を断念せざるを得ない」と委員会側の出版企画担当者だった筆者（当時人権擁護委員会副委員長で「精神医療と人権部会」部会長）に二弁としての出版を断念するようにと通告してきたのである。日弁連の反対が理由だった。

　それまで全力を挙げて研究を重ねてきた筆者ら二弁人権擁護委員会の委員にとっては、まさに晴天の霹靂ともいうべきという大事件だった。討議の経過は省略するが、結局、委員会は、「名よりも実を取る」ことで一致

した。広く研究成果を公表することを重視すべきだと決めたのである。精神科医として協力者だった広田伊蘇夫医師と筆者の個人共同編集という形で出版することにした。坂本会長が出してきた妥協案を受け入れたのである。出版社の社長は、泣く泣く了承はしてくれたが、その落胆ぶりに、ただ謝罪するばかりだった。筆者にしても、「断腸の思い」だった。

　今、冷静になって思い返してみると、外務省、法務省、厚生省などの担当者のみならず、日弁連を含む日本の法曹界全体がヒューマンライツを保障する国際法の突然の登場を前に、立ちすくんでいたように感じる。そのような状態は、裁判官、検察官のみならず、大部分の弁護士にも共通していたのではないだろうか。筆者自身を例にあげて詳しく説明したように、ほとんどの弁護士にもそれまで全く何の教育もなく、情報もないままの状態で、突然降ってわいたように新しい法が登場したのだ。だから、私たちの認識も混乱し、受け入れもできず、適切な対応もできなかったのではないか。日本の法曹界にとっては、幕末に到来した「黒船」にも似た存在だったのではないだろうか。拒否的、消極的な対応をした日弁連も、ヒューマンライツを保障する国際法について長い間十分な認識を欠いていた日本の法曹界の一部だったから、例外的存在ではなかった[22]。

## 4．国連手続との格闘

　筆者は、学者ではなく、一介の弁護士に過ぎなかった。しかし、筆者が立てた学説は、二弁の人権擁護委員会には支持された。刑事訴訟法の権威

---

22　伊藤和夫弁護士は、1968年の前記長崎人権擁護大会の日弁連の国際人権規約批准促進の決議の際のエピソードとして、「…最初、日弁連の首脳部は人権規約についての認識がなかったため、最初上程されるはずであったのが途中で消えてしまった。そこで当時の人権協会の中心的メンバーであった森川金寿先生、柳沼八郎先生などが非常に努力されて、修正提案というかたちで提案をして、さきほど言った人権規約批准促進決議が採択された、といういきさつがあるようです。…」と回顧している。伊藤和夫ほか「座談会＝人権・日本の内と外を結ぶ視点」法律時報60巻12号、1988年、20-35頁。

者である田宮教授のテストには合格し、法学誌であるジュリストには掲載
された。しかし、日弁連決議のときには、理由中にも記載されなかった。
このような状況では、日本国内では、国会でも、裁判所でも、行政省庁で
も多くは半信半疑になるはずだ。相手にもされないかもしれない。これで
は、精神衛生法改正はとても実現できないと思われた。

### ①　筆者の学説の国際的テスト

　この当時、筆者は、巨象に踏みつぶされる悪夢を見た。巨象は何だった
のだろうか？膨大な数の精神障がい者を呑み込みつつ成長を続ける精神病
院群だったのかもしれない。それを守り育て、被拘禁者のヒューマンライ
ツを無視し続ける国家だったのだろうか。それともそういう構造全体だっ
たのだろうか。まだ実態がよく見えない巨象は、「まともに立ち向かって
踏みつぶされてはとてもかなわない」という状況を筆者に知らせ警告して
くれたのだろう。少し距離を置く方が賢明だ。そこで、苦し紛れに考えつ
いたのが、「国際的な支援を得られないか？」という運動方針だった[23]。

　スモン訴訟の過程で得た貴重な経験だったが、国際的な科学者や国際消
費者連盟など国際的な団体と交流し、その支援を得たことが大きな助けに
なった。そのことが思い出され、日本から外に出て国際活動をしてみよう
と考えるようになった。保安処分への対応も国際活動から道が開けてきた。
スモン訴訟当時と保安処分の調査の時に交流ができた海外の医学者などに
いくつも手紙を書いて、朝日新聞の論壇の翻訳や英字新聞の報道などを
送った。膨大な精神病院への被拘禁精神障がい者がいるにもかかわらず、
自由権規約9条4項に違反して裁判所で解放決定を受ける権利を奪われて
いるという主張が柱だった。

　その手紙を元に、英国の友人のA. ヘルクスハイマー医師が医学誌ラン

---

23　戸塚悦朗「国際社会における人権活動」、宮崎繁樹編『現代国際人権の課題』
　　三省堂、1988年、112-158頁。

セットの編集者に手紙を書いてくれた[24]。

　筆者の主張が多数の国際的な専門家のテストに合格するかどうかを確かめるために、ハイファで開催された国際学会に参加して報告した。英語での発表は生まれて初めてだったが、幸運にもこれはイスラエルで報道され、二弁の法律論が国際的にも通用する手ごたえを得た。筆者の発表がこの学会の成果物として出版された専門書に掲載された[25]。

　そのような試行錯誤を繰り返しているうちに、国際法律家委員会（ICJ）のマクダモット事務総長から国連に対するダエス（中間）報告書[26]が送られてきた。この中に筆者の手紙の内容が「極東のある国」について「不穏な手紙を受け取った」としてそのまま引用されていた。これは、国連の精神障がい者の権利宣言の原案を提案する報告書で、ヒューマンライツ小委員会に提出されたものだった。筆者の手紙を受け取っただれかが、国際法律家委員会に転送してくれたのだ。

　これを契機にして国際法律家委員会のN. マクダモット事務総長に会うことができた。国際法律家委員会が出版している定期報告書に日本の精神医療によるヒューマンライツ侵害の詳しい記事[27]が掲載された。

　国内では日弁連によっても認められなかった筆者のヒューマンライツを保障する国際法に関する学説も、日本を一歩出れば、国際的には評価されることを知って勇気づけられた。

　さらに国連審議を通じて支持を得ることによって、もう一歩大きな説得力を得たいと考えるようになった。筆者の手紙の内容は、すでにダエス

24　Herxheimer, A., Japan Human Rights for Mentally ill offender, The Lancet, March 20, 1982, p. 673.

25　Totsuka, E., "Mental Health and Human Rights: Illegal Detention in Japan", In Carmi, A et al. (ed.), *Psychiatry Law and Ethics*, Springer-Verlag, Berlin, 1986.

26　UN Doc. E/CN.4/Sub.2/1982/16.

27　MacDermot, N. (ed.), The Mentally Ill in Japan. In *The Review*, No. 32, June 1984, p. 15, International Commission of Jurists.

（中間）報告書によって引用されていた。国連が日本の状況も参考にしながら、精神障がい者の権利宣言原案を起草していて、そのための審議が国連ヒューマンライツ小委員会[28]で進行中であることもわかった。これは大きな成果だった。この国連審議に参加する方法がないのか？と模索することになった。もし可能になれば、国連審議の場で筆者の学説をテストすることができる。


### ②　1984年国連憲章上の手続きの活用

　この当時の筆者の行動は、巨象に追い回されて窮地に陥ったネズミの行動に似ていた。困り果てて走り回って壁にぶつかり、さらに走り回る。右往左往していた。幸運なことに、その先に国連があったのである。

　国連に行けば何かがわかるかもしれないと考えてジュネーブの国連欧州本部を訪ねてみた[29]。前述したが、国際法律家委員会のN.マクダモット事務総長を訪ねてジュネーブを訪問したときのことである。国連欧州本部の見学は、観光客にも許されている。パスポートを持参すれば、誰でも訪問はできる。しかし、建物を訪問しても、国連会議には参加できないから、それだけでは具体的にどのように国連行動をとることができるかについては、全く見当もつかなかった。マクダモット事務総長からは、DPIやILHRなどの国連NGOの協力を得ることが良いだろうとの示唆を得ることができた。

　国際法違反があるならば、ヒューマンライツを保障する国際法手続を活用して実施を実現することが可能なはずである。しかし、国際法の分野で

---

28　国連ヒューマンライツ委員会の下部機関で専門家からなる小委員会（差別防止少数者保護小委員会）。
29　その前に、ジュネーブを訪問したことがあった。スモン訴訟の際に、被告製薬会社が危険とわかったキノホルム製剤の販売をやめないので、スイス（バーゼル）にある本社へ抗議行動に行ったことがあったからだった。しかし、その時にはジュネーブ国連欧州本部のことは、その存在さえも念頭になかった。

は、国家が手続きを独占している。国連審議に参加する手続法が全くわからないことが大問題だった。個人が国連NGO代表として国連ヒューマンライツ小委員会に参加する手続きがあって、それが国連憲章上の手続きだということは後でわかってきたことだった。

　久保田洋氏の『入門国際人権法』[30] が出版されたのは、その後のことだったので、筆者には国連NGO資格の活用方法も全くわからなかった。そのようなときに原後山治弁護士による1983年8月の国連での活躍を『人権新聞』[31] で知った。筆者は二弁で弁護修習を受けたが、たまたま原後弁護士はその当時弁護修習担当の副会長だった。その縁で何度か会ったことがあったことから、直接国連NGO活動の貴重なノウハウを懇切に指導いただくことができた。国連NGO資格を持った国際人権連盟（ILHR）の支援を要請することができることも学んだ。筆者が会員になっていた自由人権協会（JCLU）が国際人権連盟に加盟しているので、支援要請が容易だったことも幸いだった。「国連欧州本部に行ったら、人権専門官である久保田洋氏の援助を求めるとよい」と言って、連絡先まで教えてもらうことができた。これで国連行動の可能性がにわかに現実的なものとなった。

　その後、1984年8月以降、精神衛生法改正が実現した1987年9月まで、ほぼ毎年8月には、国連ヒューマンライツ小委員会に参加して法改正を求める国連活動を続けることになった。そのプロセスの詳細は、語りつくせないほどの思いがある。すでにかなり報告したので、それらの文献資料[32]に譲りたい。紙数に限りがあるので、ここでは、要点だけ述べるにとどめる。

---

30　久保田洋『入門国際人権法』信山社、1990年。

31　原後山治「国連人権小委員会での『サハリン残留朝鮮人問題』発言始末記（1）」人権新聞238号4頁から、「同（5）」同242号まで連載。

32　①戸塚悦朗「国際社会における人権活動」宮崎繁樹編『現代国際人権の課題』三省堂、1988年、112-158頁。②戸塚悦朗＝広田伊蘇夫共編「『精神医療と人権』（2）、（3）、亜紀書房、1985年。

### ③　1984年国連NGO活動の成功

　それは、まず報道が予想以上だったことにあらわれた。

　国連「差別防止少数者保護小委員会」（筆者は今では「ヒューマンライツ小委員会」と言うことにしている）での国際ヒューマンライツ連盟のアクションは、「科学技術とヒューマンライツ」の議題の下で、1984年8月14日午後ニナ・シェア代表が口頭発言を行う予定だった。議事が大幅に遅れ、実際の発言は8月17日になった。発言予定原稿を事前に日本の報道関係者のみならず、グローバルに活躍している通信社にも配布していた。

　そのため、第一報は、AP通信によって打電された。これに基づいてインターナショナル。ヘラルド・トリビューン（チューリッヒ）が8月16日付で「世界短信」欄で報道した。ロイター、UPI、AFP、共同など主要な世界的通信社により、グローバルに打電された。そのため、筆者にも国際的な取材が継続的になされた。ジュネーブ宿泊中のホテルにも、カナダのCBCテレビから電話取材があった。アメリカのCCNテレビ、フランス国営テレビ、オーストラリアの有力紙「エージ」等々、とうてい全体を把握することができないほどだった。日本の精神病院による虐待と国内法制の欠陥が国際法違反であることが、国連のみならず主要な諸外国政府にも知られることになった。このような広汎な報道は、日本の精神医療と人権の問題が、世界的なヒューマンライツ侵害として国際関心事になったことを象徴していた。

　日本でも反響は大きかった。8月16日付夕刊各紙は、「日本の精神衛生行政、人権規約に違反、宇都宮病院を実例に」（朝日、一面トップ）、「国際人権連盟、日本政府を告発、『精神障がい者の扱い不当』」（毎日）、「日本の精神病院"告発"、国際人権連盟、『強制入院が異常な高率』」（読売）などと各紙はジュネーブ特派員電を大見出しで報道した。日本政府にも衝撃を与えたことは、容易に想像できる。

### ④ 国連NGO活動の成果

#### ○1985年国連NGOによる実情調査団

1984年の国連NGO活動が契機になって、国連NGOによる実情調査団が日本に派遣されることになった。「世界的に権威のある非政府機関（NGO）二団体が今春、相次いで日本に異例の調査団を派遣し、精神病院や精神衛生行政の実情調査を行うことが、21日明らかになった」と1985年2月22日付の読売新聞夕刊は、一面トップで報道した。異例のことだったから大きな報道になったのだが、国連審議に重ねて日本政府と社会に大きな衝撃を与えた。二つのNGOとは、ICJ（国際法律家委員会）とDPI（障がい者インターナショナル）だということだった。

国際法律家委員会が国際保健専門職委員会と合同で調査団を実際に派遣したのは、同年5月3日から18日までだった。その結論と勧告[33]が公表されたのは、同年7月であり、調査報告書の全文が公表されたのは、翌1986年9月になった。実は、結論と勧告は、政府には5月中に内々に送付され、これが中曽根政権に法改正を決断させる大きな契機になった可能性がある。その後1987年に実際に法改正がなされたが、その後も国際法律家委員会は、フォローアップのために5年ごとの法改正に合わせて二度も調査団を派遣した[34]。

DPIのほかには、世界精神保健連盟（WFMH）の実情調査が実現したことも忘れてはならない。

#### ○1985年日本政府が法改正を約束

1985年8月筆者は、国連ヒューマンライツ小委員会で日本の精神衛生法

---

33　戸塚悦朗「ICJ／ICHP合同調査団「日本における精神障害者の人権及び治療」に関する「結論及び勧告」について」『法律時報』57巻10号、1985年9月、126〜127頁。

34　国際法律家委員会編；広田伊蘇夫＝永野貫太郎監訳『精神障がい者の人権——国際法律家委員会レポート』明石書店、1996年。

制下のヒューマンライツ侵害について批判を継続した。国際人権連盟のニナ・シェア代表が２年目の発言をした。この年の国連審議で参加者の注目を集めたのは、国際法律家委員会のマクダモット事務総長が自ら発言し、この年５月に日本に派遣した実情調査団の「結論及び勧告」を国連で発表したことだった。国連審議に画期的な進展があったのは、これらに応える形で、日本政府代表[35]が「厚生省は、精神病入院患者の人権擁護をさらに推進する観点から、精神衛生法の改正に着手することを最近決定しました」と断言したことだった。

　　○1985年国会議員の国連活動が実現。

　注目すべきことは、この審議に合わせて、日本社会党が1985年８月、国連ヒューマンライツ小委員会の開かれているジュネーブに、５名の国会議員からなる人権調査団を派遣したことだった。それは、ヒューマンライツ小委員会の委員やNGO代表者に日本の現状を知らせ、論点を明らかにするためだったと、本岡昭次参議院議員らが書いている[36]。

　この人権調査団活動とそれに参加した社会党社労部会の国会議員団の引き続く国会活動は、1987年９月精神衛生法の改正に大きな貢献をした。その活動はそこで止まらず、1990年11月13日本岡昭次参議院議員による社会党議員を中心として市民活動家をメンバーとする国際人権研究会[37]の創設につながった。同研究会による自由権規約委員会へのカウンターレポート提出などの活動は、その後日本の多くの市民団体が同様の行動をとるモデルの一つとなった。本岡昭次参議院議員による自由権規約選択議定書批准を求める継続的な国会活動も、この1985年国連への人権調査団参加の経験

---

35　1985年８月21日小林秀資厚生省精神保健課長が自ら発言した。
36　本岡昭次＝中大路為弘編著『世界がみつめる日本の人権──これからは人権の時代です』新泉社、1991年、34-46頁。
37　前掲『世界がみつめる日本の人権』、251-263頁。

を抜きにしてはあり得なかった。

　また同研究会の活動が産婆役となって、1991年9月26日超党派の議員連盟である国連人権活動協力議員連盟[38]の創立に連なったことは記憶されてよいであろう[39]。同議連は、国連人権センターのデジタル化など、国連のヒューマンライツ活動を支援するためにかなり貢献した。

　　○精神保健国連宣言の成立
　このような国連NGO活動は、ダエス報告書が提案した国連精神障がい者の権利宣言の原案をめぐる審議の一環として行われた。ソ連における精神医療の政治的乱用への批判的な対応として西側諸国と有力な国連NGOがその推進に力を入れていた。だから、ソ連による抵抗も強く、1977年から始まったこの問題の審議は難航していた。マクダモットICJ事務総長は、「宣言は100年しても出来上がらないかもしれない」と悲観的な見通しを述べていた。ところが、米ソの対立の雪解けを反映して、1988年以降はソ連の抵抗がなくなり、迅速に審議が進むようになった。国連ヒューマンライツ委員会の精神病者のヒューマンライツに関する作業部会が、1990年1月と10月に合計4週間開かれた。その際には筆者も参加して意見を述べる機会があったが、以前のような米ソ対立は嘘のように消え去っていた[40]。

　1991年12月17日、国連総会は、「精神病者保護及び精神保健ケアのための国連原則」を採択した。この国連原則の成立には、筆者らの国連NGO活動が相応の貢献をしたのである。日本政府は、精神医療と精神保健制度をこの国連原則に適合するように改革する必要がある[41]。

---

38　役員は、会長が羽田孜（自）、副会長が戸塚進也（自）、川崎寛治（社）、冬柴鉄三（公）、幹事長が江田五月（社民連）、事務局長は本岡昭次（社）であった。前掲『世界がみつめる日本の人権』、243頁。
39　前掲『世界がみつめる日本の人権』、240-250頁。
40　戸塚悦朗『国際人権法入門——NGOの実践から』明石書店、2003年、53-54頁。
41　前掲戸塚『国際人権法入門』、64-88頁。

## ○ネットワークと知識・経験

　一連の国連NGO活動は、筆者にとって貴重な資産を残した。最大の成果は、ヒューマンライツNGOにも国連関係者にも知り合いが飛躍的に増えたことだった。原後弁護士から紹介された国連ヒューマンライツ専門官だった久保田洋博士を知り、その助言を受けることができたこともその一つだった。国際法律家委員会とアムネスティ・インターナショナルなど相当数の国連NGOの関係者と知り合いになったことで、その後の国連NGO活動が容易になった。国連活動に必要な知識・経験も豊富になった。後述のように1989年6月久保田洋博士が殉職してから後には、その程度の知識・経験では不十分だったことを悟ることになった。結局、1989年9月からロンドン大学大学院（LSE）で勉学することになったのである。

　この間に、1986年日弁連人権擁護大会は、自由権規約選択議定書批准促進等要望決議[42]を採択した。「国際人権規約が発効して満10年を経過した今日、国内における人権保障の実現のためにも、当連合会の右要望に応じた行動を政府に求めることはきわめて重要であり、かつ、時宜に適するものと考え本決議を提案する次第である。」としている。この決議には、前記のように1985年にジュネーブ国連欧州本部を訪問した本岡昭次参議院議

---

[42]　自由権規約選択議定書批准促進等要望決議本文

　　わが国は、1979年6月、国際人権規約（経済的・社会的及び文化的権利に関する国際規約〔社会権規約〕等、市民的及び政治的権利に関する国際規約〔自由権規約〕）を批准したが、自由権規約の選択議定書は未だ批准していない。この議定書は、個人が国際機関である人権委員会に対し、人権侵害について通報する手続を定めたもので、人権を国際的に保障するための重要な条約である。よって、政府が、早急にこの選択議定書の批准の手続をとることを要望する。また、政府が、社会権規約の批准をするに当ってなした公の休日についての報酬、ストライキ権の保障、中高等教育の無償化の3点の留保と、消防職員についての解釈宣言を撤回することを併せて要望する。

　　右決議する。昭和61年10月18日　　日本弁護士連合会

　　https://www.nichibenren.or.jp/document/civil_liberties/year/1986/1986_2.html　2021年11月25日閲覧

員の自由権規約選択議定書批准を求める国会活動が色濃く反映している。しかし、それでも批准は、実現しなかった。ヒューマンライツを保障する国際法への構造的な抵抗は、想像以上に厳しいことを示していた。

### ⑤　1987年法改正が実現

　1987年9月26日精神衛生法を改正し、精神保健法と改称する法案が中曽根康弘内閣の提案どおり成立した。法改正を求めた二弁の運動だけでは実現できなかったものだが、三つの国連NGOが実情調査団を日本に送り、政府に法改正を提言したことが大きな影響力を発揮した。中曽根首相が国際関係を重視したこともあったが、後藤田官房長官の存在が大きかったのではなかっただろうか。トップダウンで厚生省の政策が変わったのである。

　外務省は、当初から法改正に同情的だった。なかでも、緒方貞子国連大使の貢献を忘れることができない。筆者は、同大使から招かれて、外務省の多数の職員に講演したことがある[43]。その際、同大使は、「この問題は、ソ連の問題と思い込んでいましたが、日本にもあったのですね」と言っていたことをよく記憶している[44]。

　しかし、法改正は限定的で、とりわけ解放決定を可能にする司法的手続

---

43　前掲『精神医療と人権』（1）が出版されたときだったので、講演参加者に資料として配布した。

44　緒方大使が筆者を外務省に招いたのがなぜだったかは、今でもよくわからない。筆者が外務省の職員に講演をしたのは、このときだけで、きわめて異例だった。今思えば、そのようなことが起きたのは、米国政府から日本政府に対して法改正を求める助言があったのではないか？と想像できる。国連での精神障がい者の権利宣言の審議には、ILHRが深くかかわっていたが、ILHRと米国民主党政権は友好的協力関係にあったことを示すいくつかの証拠がある。ICJも英国の政府やエスタブリッシュメントと友好的な協力関係にあった。背後には、西側自由世界諸国の対ソ戦略があった可能性がある。日本の精神病院問題は、ソ連の精神病院の政治利用とは性質が異なる。だが、これを放置すれば、ヒューマンライツを保障する国際法を外交に活用する西側諸国の世界戦略を阻害する可能性があっただろう。

きの導入に失敗したことは、法改正の欠陥を象徴するものだった。そのこ
とは、注記したとおり、日本語でジュリスト及び法律時報に、英語でICJ
Reviewに報告した[45]。その際、ICJのマクダモット事務総長から教えられ
たことがある。「ヒューマンライツ問題には常に楽観的なヴィジョンが必
要だ。そうしていないと精神的につぶれてしまう」ということだった。だ
から、英語での報告は若干楽観的に書き直した。それ以後、ことあるごと
にこの教えを思い出し、物事の認識の仕方にはいつも両面があるというこ
とをかみしめるようになった。コップに水が「半分も入っている」と見る
か、それとも、「半分しか残っていない」と見るかの違いがある[46]。楽観
的な認識の仕方ができると、うつ病になることを避けることができる。

　解放決定を可能にする自由権規約9条4項の司法的手続きの導入になぜ
失敗したのだろうか？被拘禁者に憲法34条が保障する弁護人依頼権を保障
することさえ実現しなかった。そのような法改正の限界を生んだ要因をい
くつかあげてみたい。

　第一に、宇都宮病院が今日まで存続していることは驚きだが、1987年法
改正では、私立精神病院中心の隔離収容政策[47]の清算ができなかったから
当然の結果とも言える。法改正で精神病院への入院者の激増は止まったが、
現状維持につながった。のちに、精神保健法から精神保健福祉法と法律の
名称は変わったにもかかわらず、長期入院者の社会復帰は遅々として進ま
なかった。今振り返ると司法手続きの導入に失敗したという問題点が残っ
たことが大きかったのではなかったか。

---

45　①戸塚悦朗「精神衛生法改正の評価と問題点」『ジュリスト』883号、1987年
　　5月1日、14〜21頁。②戸塚悦朗「精神衛生法改正の経緯と問題点」『法律時
　　報』59巻6号、1987年5月、100〜107頁。③Etsuro Totsuka, "The Changing
　　Face of Mental Health - Legislation in Japan", *ICJ Review*, No.42（1989）,
　　pp.67-81.
46　心理学の入門で学んだが、認知の仕方を象徴的に示す「ルビンの壺」が参考
　　になる。
47　広田伊蘇夫『精神病院 その思想と実践』1981年、岩崎学術出版社。

第二に、そのような結果を生んだのは、日本社会の分断の結果だったことを想起する必要がある。日弁連は法改正には消極的で、精神医療を信頼して保安処分の代案の役割を期待しつつ、第3者機関設置を主張した。二弁は、ICJ調査団の勧告を信頼し、自由権規約9条4項を実現しようと、家庭裁判所による司法手続き導入を推進した。

　厚生省の提案の基本は、行政（医師が担っていた）による審査制度だった。厚生省の助言者だった平野龍一教授は刑事訴訟法の権威者だったが、刑事司法には絶望していて、むしろ行政機関を信頼していた。1987年立法で導入された精神保健審査会制度は、医師主導で運用される行政機関だった。当初の制度設計では、判事と検事だけが法律家としてこれに関与することになっていたが、筆者は最終段階で弁護士の参加を求め、それが実現したことは最小限度の成果だった。

　1987年立法から35年経ったが、関係者の善意にもかかわらず、改革は不徹底だった。だから、今も日弁連の決議[48]が必要になっている。今後は、立法100年史[49]を振り返り、障害法[50]への道を進むことが望ましいと思われる。本論文を執筆中の2021年10月15日、岡山で日弁連人権擁護大会が開催され、「精神障害のある人の尊厳の確立を求める決議」[51]が採択された。同決議は、以下のように述べている。


　　　当連合会は、1971年10月23日の第14回人権擁護大会において、「医療にともなう人権侵犯の絶滅を期する」と宣言し、その後も精

---

48　後掲2021年日弁連人権擁護大会決議が必要になった。

49　広田伊蘇夫『立法百年史　精神保健・医療・福祉関連法規の立法史』2004年、批評社。

50　池原毅和『精神障害法』2011年、三省堂。

51　日弁連人権擁護大会2021年10月15日「精神障害のある人の尊厳の確立を求める決議」https://www.nichibenren.or.jp/document/civil_liberties/year/2021/2021.html　2021年12月5日閲覧。

神障害のある人に対する度重なる人権侵害に懸念を表明してきた。

　しかし、精神障害のある人に対する人権侵害は重ねられており、当連合会は、精神障害のある人の尊厳を守るための法制度改革も、被害回復も、法的援助も、十分には果たせなかった。

　日本は2014年に障害者の権利に関する条約（以下「障害者権利条約」という。）を批准した。同条約は障害者の人権や基本的自由の享有を確保し、固有の尊厳を尊重するため、第14条第1項で「いかなる場合においても自由の剥奪が障害の存在によって正当化されない」と規定している。

　当連合会は、今一度、精神障害のある人に対する障害を理由とした人権侵害の根絶を達成するために、現行法制度の抜本的な改革を行い、精神障害のある人だけを対象とした強制入院制度を廃止して、これまでの人権侵害による被害回復を図り、精神障害のある全ての人の尊厳を保障すべく、以下のとおり、国に対して法制度の創設及び改正を、国及び地方自治体に対して多様な施策を実施するよう求めるものである。


　同決議は、「現行法制度の抜本的な改革を行い、精神障害のある人だけを対象とした強制入院制度を廃止」するという先進的な課題を掲げている。

　日本の司法が精神科の身体拘束の現状に批判的になっていることを歓迎したい。にもかかわらず、私立精神病院が構成する日本精神病院協会は、被害者側を勝訴させた最高裁による確定判決に強く抗議している[52]。国家的な政策にかかわる日弁連が掲げた課題の実現のためには、今後長期間の

---

52　「会見での山﨑學会長（2021年11月26日、弁護士ドットコム）」精神科の身体拘束で死亡、賠償判決に「裁判官は現場を知らない」日精協が強い抗議　11/26（金）15：49配信
　　https://news.yahoo.co.jp/articles/e44dafb39682cf6659c23422728f2552a0986ef5
　　2021年12月5日閲覧

困難なプロセスを踏む必要があることが予想される。

### ⑥　1987年「国際人権セミナー」

　今思えば、自由権規約９条４項は、ヒューマンライツを保障する国際法のほんのごく一部に過ぎなかった。それなのに、筆者は、この全体像をほとんど全く知らないままに、この１条項を掲げて、国連活動を始めた。これでは、十分な成功を収めることはできないのは想像がつきそうなものだった。それなのに、公論化をはじめたのだ。象に踏みつぶされるような悪夢から逃れるためには、何か確固たる支えが必要だったからやむを得なかったのではあるが、この国際法の分野がまるで分っていなかったのである。これでは、しっかりした立法を獲得することはできない。当然の結果だったという反省もあった。

　そこで、この分野の先進的な研究者、実務家、国会議員、政府職員、NGO代表などに一堂に会していただき、忌憚のない意見を交換することから始め、基礎から学ぶ必要があると考えた。国連活動を通じて知り合い、貴重な指導を受けた久保田洋国連人権専門官の助言を仰いで、「国際人権セミナー」の企画を立案した。そのうえで、二弁人権擁護委員会で検討の上、二弁理事者に二日間にわたって24名の発表者を招くというこの企画案を提案した。

　川上義隆東京二弁会長は、多数の権威者を一度に招こうというこの前代未聞の企画に驚き、「実現可能性がない」と率直に危惧を吐露した。会長は、次のような二つの疑問をあげた。第１は、「このように多数の専門家が実際に、参加してくれるのか？」と言う現実的な問題だった。第２の問題は、それまでの会務の先例から見て常識外れだという。「権威者である大学教授クラスの学者を招くときには、それなりの謝礼を準備する必要がある。とてもこんなに多数の学者を招くような多額の予算はない」と言うのである。いずれも当然のことだった。

　しかし、筆者は、「とにかく招待状を出してみましょう。大学の教授である学者の先生方も、私たち実務家である弁護士も、同学の研究者です。新しい分野の学問のために意見交換の場をもうけて自由に議論するという研究会の案です。それなら、双方に利益がありますから、謝礼は必要がないと思います。交通費だけ予算をとっていただけませんか？」と答えた。国連活動によって精神衛生法の改正と言う画期的な成果を獲得した直後だったので、タイミングは良かった。招待状を送った方々には、ほとんどすべて参加を快諾していただけた。参加者の皆さまには、今でも深く感謝している。田畑茂一郎京都大学名誉教授からだけは、「残念ながら先約があって出席できない」という丁重なはがきをいただいた。

　1987年11月20日（金）から21日（土）にかけて二弁旧会館で開催されたこのセミナーでは多くを学んだ。

　なかでも芹田健太郎神戸大学教授から厳しい指摘を受けたことは今でも忘れることができない。「国際人権」セミナーという企画のタイトルについて以下のような強烈な批判を受けたのである。「昨日今日のなかでも「国際人権」と言う言葉が出てまいりました。国際人権と言うのはあるのかないのか。単純に言えば国際人権と言うのはないと私は思っております。…」と発表[53]の冒頭からこのような指摘があり、衝撃を受けた。このセミナーを企画した筆者の国際法についての理解不足が露呈したのである。この批判は、本論文の主題にもかかわる重要な問題を提起している[54]。その後長い間考え続けざるを得なくなった課題である。

　また、宮崎繁樹教授による講演も強く記憶している。日本政府が自由権規約について提出した1982年10月24日付の報告書に関連して、自由権規約

---

53　芹田健太郎「ヨーロッパにおける国際人権保障」第二東京弁護士会人権擁護委員会編『国際人権と日本』、1988年、135-139頁。
54　今思えば、このセミナーのタイトルは、「ヒューマンライツと日本」とすべきだった。

委員会のオプサール委員からの質問に答えて日本政府が回答した内容について発表[55]した。国内法が国際規約に「抵触する場合に、「国際人権規約の方が優位する」ということを政府がはっきり言っておるのであります。国際人権規約を直接裁判規範として援用できるということも明らかにしているのであります。」と言う宮崎教授の明快な言葉は、今でもよく記憶している。この発表には非常に勇気づけられた。以後の筆者の国連活動の支えになった。

　テープ起こしの予算はとってあったので、このセミナーの記録は活字化されて二弁事務局に残されていた。次年度（1988年度）に西田公一会長が「まえがき」を執筆し、この記録を『国際人権と日本』というタイトルで第二東京弁護士会から出版した。

　筆者は意図していなかったが、この二弁の活動が1988年の国際人権法学会の設立に強い刺激を与えたとのことだった。


### ⑦　1988年神戸日弁連人権擁護大会

　それまでは、日弁連会内の十分な理解は得られなかった。だが、1988年精神保健法が実施されて、保安処分論争から自由になってからは、やっと日弁連としてヒューマンライツを保障する国際法の研究に入ることができる環境が整った。その画期が、1988年神戸日弁連人権擁護大会だった。

　そのときに、筆者は、本論文（その３）の冒頭にあげた「難問」に出会ったのである。

---

55　宮崎繁樹「国際人権法と実体法・国際人権B規約をめぐる諸問題」前掲『国際人権と日本』、16-21頁。

# 外国人のヒューマンライツ（その４）
## ──海図を求める旅そしてヒューマンライツの歴史

（まとめ）

## 第4．海図を求める旅

　難問に答えるためにはヒューマンライツを保障する国際法に関する筆者の理解はあまりにも不十分だった。1988年から筆者は、その全体像を求める旅を始めることになった。そう言うと、当初からそのように意図していたように思われるかもしれない。しかし、現実はそうではなかった。「なぜ、弁護士事務所をたたんで留学したのか？」と、質問を受けることもある。ここで、率直に説明したい。

### ●潜在的な夢を実現

　精神医療と人権の活動が相当厳しかったので、もう心身ともに限界だった。精神衛生法改正が終わった1987年末頃は、「バーニングアウト」の瀬戸際になっていた。「ドクターストップがかかった」と言ってもよい。この活動は、続ければ続けるほど出費がかさみ、収入はない。だから法律事務所を閉めた方が経済的にも合理的だった。坂本二弁会長からは、「精神保健法の施行までは日本にいて欲しい」と頼まれたこともあって、それを見届けてから英国に留学した。ブリティッシュ・カウンシルの支援を頂き、

ガン教授の招きを受けて、1988年3月からIoP（ロンドン大学大学院精神医学院）の客員研究員（無給）になることでビザを取得した。滞在費は、ブリティッシュ・カウンシルの支援のほかは、主として自費だった。スモン訴訟の報酬、遺産のほか、事務所だったマンション[1]を売却した。日弁連の仕事もあったこと、二弁からの支援をいただけたことも支えになった。

　大学生時代から留学して学びたいという夢があったのに、英語能力が不足だったことから実現しなかった。大学院時代夜学で英語を学んだが、結局法学を志すようになった。弁護士になってからは、日常の多忙さに追われ、それを達成することができていなかった。若者の留学とは違うが、潜在的な夢を実現するよい機会でもあった。


●国際人権法学会の創設

　筆者は、学会を創設しようとは意図していなかった。しかし、（その3）論文で述べた1987年に二弁が開催した「国際人権セミナー」が1988年に創設された国際人権法学会の設立の動きに強い刺激を与えたという。のちのことだったが、創立時の発起人からそのような逸話を聞いた。

　筆者は、この学会創設の動きを知らなかったし、実際に何の貢献もしていなかった。（その2）論文で述べた通り、世界ヒューマンライツ宣言40周年の転機だった1988年にこの学会が創設されたことは、画期的なできごとなので、ここに特記しておきたい。同学会は、顕著な研究成果を着実に積み重ねてきたこと[2]に深い敬意の念を表するにとどめ、ここでは詳細に

---

1　遺産とローンで購入したが、値上がりがあり、ローン返済後にもおつりが来たのは幸いだった。
2　筆者は、2000年4月に神戸大学大学院国際協力研究科（助教授）に就職し久しぶりに日本に帰国した際、同研究科の創設に貢献し、国際人権法学会の創設にも活躍した芹田健太郎教授から同学会に入会するよう強く薦められたことをよく記憶している。その際、同教授は、筆者が日本を不在していた10年以上の間に日本の「国際人権法」分野の研究が急成長したことを強調していた。

立ち入らない。

## 1．1988年英国に留学して

　ロンドンでは、当初英国の精神医療と精神保健法の研究に専念した。日本の精神医療とヒューマンライツの発展のために比較法の視点から研究し、本を書こうと考えていた。長期の研究を志したが、毎年ビザを更新する必要があった。のちに執筆業ということで長期（５年間）の在留ビザがとれるようになった。

### ①　ロンドン大学（LSE）大学院に入学

　そのような工夫ができなかったときだったので、学生ビザを活用しようと、1989年９月からロンドン大学大学院（LSEのLLMコース）の学生になった。精神保健法とのかかわりでヒューマンライツを保障する国際法を研究しようと計画したのである。その過程で、英国精神保健法の研究に限界を感じるようになり、比較法研究を断念した。

　しかし、国連活動の実践と研究は続けた。ヒューマンライツを保障する国際法を日本に導入する研究こそが重要だと思うようになったのである。研究すればするほど、個人通報権条約の批准こそが核心だと考えるようになった。ちょうど冷戦終結の時期にあたっていたため、この分野がより重要になってくることも予想できた。

　LSEに入学する直前だったが、予期しない悲劇に見舞われた。1989年６月28日久保田洋博士が、国連の職務に従事中のナミビアで殉職したのである[3]。親しい友人を失った喪失感には厳しいものがあった。それまでは、国連活動について常に助言を受け、頼りきりにしていたこともあったから、実際的な面でも打撃は小さくなかった。国連からの情報、特に国連手続き

---

3　久保田洋『入門国際人権法』信山社、1990年の「筆者あとがき」が絶筆となった。

のノウハウについては、久保田洋博士の助言に負うところが多かった。それも入手できなくなった。自分で経験しながら研究するしかほかに方法がなくなったのである。

1989年9月LSEに入学した理由の一つには、LSEが久保田洋博士など国連職員を輩出していたこともあった。自由権規約委員会の英国出身委員を当時勤めていたLSEのロザリン・ヒギンズ教授へのロビーイングが可能になることも魅力的だった。

LSEに入学した筆者は、徹夜してもとうてい読み切れないほどの課題に取り組むことになった[4]。語学力の不足を嘆いている暇もないほど忙しかった。だが、苦労が報われ、いくつもの「発見」を経験することになったことは大きな成果だった。国際法の研究者にとっては当然のことかもしれなかったが、筆者にとっては、すべてが新鮮だった。図書館のほこりのにおいさえ心地よく感じるようになった。それまで抱えていたたくさんの疑問が毎日のように解け、文字通り目からうろこがとれるような体験を積み重ねた。その中には、多くの小さな驚きから、後々まで取り組まなければならなくなった大きな「発見」まであった。

## ② 国際法の平面？！

LSE入学直後にヒギンズ教授の法学部での国際法の講義を聴講（正式に履修してはいなかった）してみたときだった。今でも忘れられない発見があった。

---

4 米国からの留学生は英語のネーティブだから予習はそれほど大変ではないのではないか？と考え、同じクラスの院生に尋ねてみた。週1回のセミナーの準備のために課題資料を読むために費やす時間は8時間ということだった。英語力が十分ではない筆者にとっては、とても読み切れなかったのは当然だった。週3科目のセミナーと週約1回の修士論文指導を受けるための準備時間は、相当膨大なもので、睡眠時間を削ることになった。LSEのLLMコースは、司法試験の受験よりも多忙だった。

ヒギンス教授は、「国際法の平面」と「国内法の平面」があって、それらが全く別物だと言うのである。英国の国内裁判所は国内法の平面にあるので、国際法を適用することができない。それが英国の不文の憲法制度だという説明を聞いて、すっかり驚いてしまった。だから、批准済みの欧州ヒューマンライツ条約であっても、議会が国内法化する立法をしない限り、英国の国内法の平面に編入されない。国内法の平面にある国内裁判所はこの条約を適用することができないことになる。英国では、日本での国際法の理解の仕方と全く違うことに衝撃を受けた。つまり、国際法と国内法の関係は、各国の憲法制度ごとにみな違うことになるのである。

　法の世界に二つの異なる平面があるというこの「発見」は、今思えば当たり前のことなのだが、想像以上に重要なことだったのではないか。少なくとも筆者にとっては、きわめて新鮮な発見だった。少し大げさかもしれないが、ヒギンス教授の講義によって、筆者の世界認識は革命的な変化を遂げたと思う。だからこそ、本シリーズの（その1）論文が国内法の平面について考察し、（その2）論文が国際法の平面について論じているのである。そのように二つの平面を書き分けた理由を理解していただけるのではないだろうか。

　日本国憲法98条2項がその二つの平面をつなぎ、国際法を日本の国内法に編入する原理を定めていることに注目する必要がある。このかなめについての日本国憲法の研究が未だに十分でないように見える。それは、一つには、二つの平面についての認識が発展途上にあることを象徴しているのだと思う。

　前記したように、筆者は、大学時代もその後も、英米法も国際法も深く学んだことがなかった。そのことを後悔したが、「後悔先に立たず」である。日本にいた当時の筆者のぼんやりした理解では、国際法も法学の一分野であって、憲法以下の国内法も同じ「法」なのだから、それらは混然一体のものだと思いこんでいた。それは、どこの国でも同じようなものだろ

うと、根拠もなく思い込んでいたのである。ところが、英国ではそうではないということを知って、衝撃を受けてしまったのである。日本の中に閉じこもって法学を学んだつもりになっていた。だが、その法学は日本でしか通用しなかったのである。その後は、大学院LLMコースのセミナーの予習のために課される事前準備が非常に忙しくなった。それもあって、法学部の授業をそれ以上継続して聴講することができなかった。今でもそれが、残念でならない。

　このような基本的なことから、より複雑なことまで、一つひとつ学ぶ必要があった。


### ③　ヒギンス教授のセミナーのタイトルは？

　（その２）論文で、英国留学の「最大の成果は、1989年からLSEの大学院（LLMコース）に入学し、「ヒューマンライツの国際的保障」セミナー[5] で学ぶことができたことだった。」と書いた。

　筆者が注目したのは、このセミナーのタイトルだった。芹田教授から批判された「国際人権」でもないし、「国際人権法」でもなく、「ヒューマンライツの国際的保障」だったのである。講義の内容は、「急速に発展中のヒューマンライツについての普遍的及び地域的な国際法への入門コース」[6] だった。ヒギンス教授のセミナーで教えを受け、筆者はすっかりこのセミナーのタイトルが示す考え方に染まってしまった。だから、2003年に出版した『国際人権法入門』[7] では、国際人権法の定義について以下のように書いた（序文参照）。

---

5　ロザリン・ヒギンス教授担当。International Protection of Human Rights. Core Syllabus: Introduction to the rapidly developing international law of human rights, both at a universal and regional level.

6　*The London School of Economics and Political Science Calendar 1989-90*, LL6052, p. 641.

7　戸塚悦朗『国際人権法入門――NGOの実践から』明石書店、2003年、3頁。

「国際人権法の定義は、論者によって様々であろう。筆者は、人
　権を保障するために活用できる国際法を念頭に置いている。人権を
　保障する諸規程（実体法）を含む国際条約がその代表的なものであ
　る。だが、国際人権法を起草・制定し、実施する権限を持つ国際機
　関に関する国際的な定めと慣行、及びこれらを活用して実効的に人
　権を実現しようとするための過程に関する国際的な定めと慣行（手
　続法）も、これに含まれる。」

　この定義の前半は、ヒギンス教授のセミナーのタイトルからきている。
その後半については、国連NGO活動を経験し、実践する過程で体験的に
学んだ国連手続の重要性を強調しようとして考案し、付け加えたものだっ
た。その具体的な詳細の多くは、国連の現場で、久保田洋博士を含め国連
スタッフから学んだ。当時は、国連機構がどのように働くかについての国
際法、その慣行を含めた手続法が体系化されて教育されていなかった。だ
から、筆者たち実務家には、国連手続の活用は、手探りで進む困難そのも
のの道のりだった。今後は、手続き問題も研究し、教育すべき課題となる
と考え、その視点を強調したかったのである。

　神戸大大学院国際協力研究科で同僚となった芹田教授からは、「神戸大
にいるうちに本を出して欲しい」という課題をもらっていた。前記した
『国際人権法入門』は、それに応えるために神戸大を退職する日を出版日
とした。筆者としては、1987年の二弁「国際人権セミナー」の際に芹田教
授から受けた厳しい批判に応えるためにも、この本の出版が必要と考えて
いた。同書を神戸大の同僚全員に献呈したが、芹田教授からは、「あの本
は、わかりやすく書かれている」との感想を直接聞くことができた。これ
で、1987年以来16年ぶりに、「国際人権」存否問題に区切りがついたと感
じた。

### ④ 『週刊法律新聞』への連載を始める

1987年10月20日から週刊法律新聞紙上に連載された久保田洋博士による「国際人権セミナー」欄は、75回続いた。しかし、1989年6月久保田博士のナミビア赴任によって完結した。この連載は、ヒューマンライツを保障する国際法についての情報を実務法曹の間に普及することが必要だという筆者の要請もあって掲載されるようになった。

そのような経緯があったことから、法律新聞社からそれを引き継ぐための連載を執筆するよう要請された。日本社会、とりわけ実務法曹に向けて国連NGO活動について発信する必要性はますます大きくなってきていた[8]。久保田博士は、日ごろ発信の重要性を強調していた。その連載は、LSE時代のノートを下敷きにしていたということだった。そこで、LSEでの新しい学びと日々の驚きを出発点にして、自ら研究しながら執筆するのであれば、後続の連載としてふさわしいとも思われた。それが、連載『戸塚悦朗の国際人権レポート』の執筆を引き受けることになった経緯である。英国滞在のビザは、執筆業ということで、長期（5年間）になった。この連載は、1990年1月26日号以降2010年12月まで20年間以上も毎週掲載され、思いのほか長く続いた。

その1か月分をまとめて、『法学セミナー』の連載『日本が知らない戦争責任』が始まった。これは、1994年1月号〜99年5月号まで計64回で完

---

8 国連憲章上の手続きに着目した研究やマニュアルは、今では相当数入手可能であろう。例えば、①があることは最近知った。①David Weissbrodt, United Nations Charter-based Procedures for Addressing Human Rights Violations: Historical Practice, Reform, and Future Implications, in *The Delivery of Human Rights: Essays in Honour of Professor Sir Nigel Rodley 13* (Geoff Gilbert, Françoise Hampson & Clara Sandoval, eds., Routledge, 2011)；② David Weissbrodt, *The U.N. Commission on Human Rights, Its Sub-commission, and Related Procedures: An Orientation Manual* (Minnesota Advocates for Human Rights; International Service for Human Rights, 1993) (in English and French versions) (with Penny Parker); ③ Hurst Hannum, ed., *Guide to International Human Rights Practice*, Macmillan Press, 1984.

結した。その後は、『法学セミナー』の連載『これからの国際人権法』
（1999年6月号〜2002年2月号計32回で完結）に続いた。

　研究者としては未熟だったが、学びながら実践するだけでなく、それに
ついて発信する場を与えられたことは幸いだった。しかし、この当時は、
"international human rights law"を、何のためらいもなく「国際人権法」
と翻訳して執筆していた。そのことは、筆者のこの分野の理解が十分に深
まっていなかったことを示している。


### 2．国連NGO活動の実践を継続

　国連憲章上のヒューマンライツ手続き[9]を活用して、日本に関わる重大
なヒューマンライツ侵害問題を提起するNGO活動を続けた。


#### ①　日本軍「慰安婦」は性奴隷と発言

　その一環として、1992年2月には、国連ヒューマンライツ委員会で国際
教育開発（IED）を代表して発言した。第二次世界大戦中に韓半島から連
行された日本軍「慰安婦」は、軍によって「性奴隷」とされた被害者であ
るから被害女性に補償する必要があるとし、国連に日本政府と被害者の間
の調停を求めたのである。

　その反響が大きかったため、筆者のNGO活動の動機について誤解し、
「反日」行動だと非難する保守派の人たちもいる。他方、韓国の女性団体
の代表からは、筆者の国連活動は、日本をよくしようとする「ナショナリ
スト」の行動と解釈されたこともある。

　筆者によるこの国連行動は、「日本をよりよくしたい」という動機から
のアクションだった。このころは、毎年日本にかかわる重大なヒューマン
ライツ侵害の問題を国連の憲章上の手続きを活用して国連ヒューマンライ

---

9　前掲Weissbrodt, United Nations Charter-based Procedures for Addressing
　Human Rights Violations. 参照。

ツ委員会に提起することを筆者の課題としていた。それは、他に有効な国連手続[10] が選択できなかったからであった。しかし、この方法は、大きな政治的機関で実践されるため、多数の政府代表や国際機関の代表ばかりか、世界中の多数の国連NGOが参加している。世界のメディが常時注目しているヒューマンライツをめぐる主要な国際的フォーラムである。ことによっては、日本政府にとっては、政治的なダメージが大きい可能性がある。そのことを日本政府に対して警告したかったのである。

　そうだとするなら、日本政府にとっては、専門家が構成するヒューマンライツ条約機関によって準司法的手続きに基づいて静かにヒューマンライツ侵害問題について法的且つ合理的な解決の道を拓く方が政治的にはより得策であり、合理的である。日本政府は、そのことを体験的に理解することができるだろうと考えたのである。筆者は、日本政府に対して、もしヒューマンライツ条約上の個人通報手続きを可能にする自由権規約選択議定書を批准すれば、国連ヒューマンライツ活動をやめるとさえ約束していた。ところが、残念ながら、日本政府は筆者の勧めに耳を貸そうとしなかった。

　その詳細については、筆者の著書等[11] および最近出版された木村幹教授の論文[12] に譲ることにし、これ以上深入りしない。

---

10　国連憲章上のヒューマンライツ手続き以外には、ヒューマンライツ条約上の手続きがある。これらの手続きは、以下の国連機関の区別に応じている。国連ヒューマンライツ高等弁務官事務所のウェブサイトには、ヒューマンライツ機関のなかに、①憲章上の機関（Charter-based bodies）と②条約上の機関（Treaty-based bodies）があるとされている。https://www.ohchr.org/EN/HRBodies/Pages/HumanRightsBodies.aspx　2022年1月3日閲覧。

11　①戸塚悦朗『普及版　日本が知らない戦争責任日本軍「慰安婦」問題の真の解決へ向けて』現代人文社、2008年。②前記『週刊法律新聞』連載。及び③『法学セミナー』連載。

12　木村幹「慰安婦問題の国際化の一側面：戸塚悦朗の回顧を中心に」国際協力論集29（1）、2021年、111-147頁。

　　http://www.lib.kobe-u.ac.jp/infolib/meta_pub/G0000003kernel_81012895↗

国連NGO活動のためには、国連が国際法の平面上に存在していること
を意識して国際法上の論拠を明確にする必要がある。そのことは、LSEで
のヒギンス教授の教えによって、気付くようになっていた。国連では国内
法違反について論議しても通用しない。だから、「性奴隷」と発言して、
奴隷を禁止している慣習国際法に違反したことを焦点化したのである。

　ところが、第二次大戦前に奴隷禁止が慣習国際法として確立していたか
どうかについては、世界中の国の政府が認めても、日本政府だけは最後ま
で争う可能性があった。日本が1926年の奴隷条約を締結していなかったか
らである。被害者に対する国の補償責任を求めるためには、まず国際法違
反の存在を研究することからはじめることが重要であることは、宮崎繁樹
教授から助言を受けていた。

　そこで、誰も争う余地のない明文の国際法に違反することを証明する必
要があった。

## ②　ILO29号強制労働条約違反の発見

　奴隷条約は、国際連盟が起草した重要な条約だった。常任理事国だった
日本は、1926年の奴隷条約を締結すると約束していたのに結局批准しな
かった。その経過について筆者は著書[13]で以下のように書いた。

　「大日本帝国は、米英仏伊とともに５大国のひとつとして国際連
　盟創設に参加し、創設後は４常任理事国[14]の一つとして、上記の女
　性児童売買禁止取締りを含む任務についても重責を担った。日本政
　府は、戦前からすでに奴隷取引禁止のための国際条約を締結してい

　＼ 2021年12月9日閲覧。

13　戸塚悦朗『国連人権理事会−その創造と展開』日本評論社、2009年、38頁。

14　米国は上院の反対で国際連盟自体に参加できなかったため、常任理事国は日
　　英仏伊4ヵ国となった。

た（鷲見1995：26）。日本政府は、奴隷禁止の世界的な潮流に対して異議を唱えてもいなかった。国際連盟主催の国際会議が1926年9月25日奴隷条約を採択したが、大日本帝国政府は、この国際会議に参加したばかりか、国際連盟に対しその批准を約束していたのである（日本政府パリ代表部書簡1930）[15]。奴隷売買・奴隷禁止に関する慣習国際法がこのときまでに成立していたとする見方が一般的であり、且つ合理性がある。この約束にもかかわらず、日本は同条約の批准を怠った。

　戦後になって、国連機関が日本軍性奴隷問題で慣習国際法としての奴隷禁止違反を理由に日本政府を批判すると、国際社会の一般的理解に逆らってその法規範性を否定するようになった。このような行為[16]をどう評価すべきだろうか。戦前の約束を無視し、手のひらを返すような不誠実な態度をとることは、信義にもとるだけでなく、エストッペル（禁反言）の原則に違反する行為と批判されてもやむを得ない。」

　国際連合は、国際連盟が持っていた奴隷問題に関する権限を1953年奴隷条約議定書により継承した[17]。国連は、憲章上の機関としてヒューマンライツ委員会を設置、1948年世界ヒューマンライツ宣言を採択し、その後こ

---

15　筆者は、2008年ジュネーブの国際連盟アーカイブで、日本政府が批准を約束した国として記録され、また、これを裏付けるように、批准に向けて検討中であることを日本政府パリ代表部がジュネーブの国際連盟本部事務総長あてに報告した1930年1月4日付手紙の存在を確認し、写真撮影した。国際連盟アーカイブ所蔵番号6B/16844/6682.

16　筆者が知る限り、日本政府は、軍性奴隷問題の国連審議が始まって以来一貫して奴隷禁止が戦前から慣習国際法であったことを認めてこなかった唯一の政府である。

17　奴隷条約議定書。Protocol amending the Slavery Convention signed at Geneva on 25 September 1926.

れを実施するための多数のヒューマンライツ条約を起草して多数の多国間
ヒューマンライツ機構を創設したが、奴隷問題への対応は、その根幹の一
つとなった[18]。こうして、国際連盟の奴隷問題に関する権限は国連に引き
継がれたから、国連創設前の日本軍「慰安婦」問題が奴隷禁止に違反する
問題についても、国連は審議する権限を持っているのである。

　問題は、奴隷条約には、その実施のための手続も、監督機関もないこと
だった。国連は、憲章の下で、経済社会理事会に設置されたヒューマンラ
イツ委員会を中心にして奴隷問題をヒューマンライツ問題として扱ってき
た。ヒューマンライツ委員会のもとに設けられた差別防止少数者保護小委
員会（ヒューマンライツ小委員会）は、現代的奴隷制作業部会[19]を設けて
現代的な奴隷問題に対応してきたのである。

　筆者は、この作業部会に参加する予定で研究を続け、ILO29号強制労働
条約（1930年）が女性の強制労働を一切禁止していたことを発見できた[20]。
日本は、この条約を1932年に批准していた。この発見で、慣習国際法の奴
隷禁止のみを法的主張の根拠としなくても良くなった。幸運に恵まれたと
しか言いようがなかった。

　日本政府が国際的な約束に反して1926年の奴隷条約を批准しなかったの
はなぜか？なぜ1930年のILO29号強制労働条約を1932年に批准したのか？
その理由は未だにわからない。研究課題として残っている。

---

18　世界ヒューマンライツ宣言第5条。自由権規約第8条。女子に対するあらゆ
　　る形態の差別の撤廃に関する条約第6条。子どもの権利条約第11条。
19　現代的奴隷制作業部会については、UNOHCHR, *Fact Sheet No.14,*
　　*Contemporary Forms of Slavery*, June 1991. https://www.ohchr.org/_
　　layouts/15/WopiFrame.aspx?sourcedoc＝/Documents/Publications/
　　FactSheet14en.pdf&action＝default&DefaultItemOpen＝1 Visited on 12 12
　　2021.
20　戸塚悦朗『ILOとジェンダー——性差別のない社会へ』日本評論社、2006年、
　　121-132頁。

### ③　1992年5月国連現代奴隷制作業部会の勧告

　筆者は、この年5月の現代奴隷制作業部会で国際教育開発（IED）を代表してILO29号強制労働条約（1930年）が女性の強制労働を一切禁止していたことを含め、日本軍「慰安婦」問題についての提起を継続した。これらの情報は、同部会の勧告で取り上げられ[21]、その年8月のヒューマンライツ小委員会勧告[22] に含まれ、重大なヒューマンライツ侵害の被害者に対する補償等の問題を研究していたテオ・ファンボーベン特別報告者に送られ、その研究を促進したのである[23]。

　それでは、なぜ、現代奴隷制作業部会がこの勧告をしたのだろうか？今思えば、以下のようないくつかの要因が重なった結果だったのではないかと思う。

### ○対女性暴力（VAW）運動の世界的な流れ

　国連では、筆者の1992年2月の前記発言がその口火を切ったことになった。しかし、この国連行動の前に、1991年8月14日に金学順さんが日本軍「慰安婦」として名乗り出たことをはじめ[24]、すでに世界的な対女性暴力への告発（いわゆる「ミートゥー」）運動が始まっていた。これらは、以下のような歴史的な流れの中でとらえる必要がある。

　女性の権利を推進する運動の第1の波は、19世紀から欧米中心に始まっ

---

21　現代的奴隷制作業部会の報告書は、UN Doc. E/CN.4/Sub.2/1992/34.

22　1992年8月13日提出されたContemporary Forms of Slavery決議案UN Doc. E/CN.4/Sub.2/1992/L.3.は、1992年8月14日ヒューマンライツ小委員会によって採択された。

23　前掲『普及版』、2-3頁。

24　戸塚悦朗【コラム】「金学順さんの名乗り出から30年を記念して――残された課題――」
　　https://japanese.korea.net/NewsFocus/Opinion/view?articleId＝202335&pageIndex＝1　2021年12月31日閲覧。

ていたが、それは参政権を求めるものだった[25]。

　1945年国連憲章は、条約としては初めて性による差別なくヒューマンライツを保障すると男女平等の原則を明文で定めた[26]。国連は、1975年メキシコシティー、1980年コペンハーゲン、1985年ナイロビとすでに３回の世界女性会議を開催していた。国連憲章に定められた性による差別なくヒューマンライツを保障しようと、第２の波となる世界的な運動が進んでいた。

　第３の波となった対女性暴力（VAW）への対応の動きは、最も新しい流れだった。だが、1992年までには、すでにこの運動は世界的に相当高まってきていた。たとえば、韓国では、1984年に開設された女性ホットラインが、女性に対する暴力問題を社会的に解決すべき問題として取り組み始めた最初の女性団体としての活動を始めていた[27]。1990年には、ラテンアメリカ及びカリビアン諸国21か国が女性に対する暴力に対応するための地域機構を設置することを決定していた[28]。

　○議長は女性専門家

　現代奴隷制作業部会には、ヒューマンライツ小委員会の26名の独立の専門家の中から２名の女性を含む５名の委員が選任されていた。その作業部会のクセンティーニ議長（Mrs. Fatma Zohra Ksentini）は、アルジェリ

25　前掲『ILOとジェンダー』、37-45頁。
26　国連憲章１条３項　経済的、社会的、文化的又は人道的性質を有する国際問題を解決することについて、並びに人種、性、言語又は宗教による差別なくすべての者のために人権及び基本的自由を尊重するように助長奨励することについて、国際協力を達成すること。
27　韓国女性ホットライン連合編；山下英愛訳『韓国女性人権運動史』（世界人権問題叢書，51）明石書店，2004年、41-44頁。
28　Susana T Fried, VIOLENCE AGAINST WOMEN, HEALTH AND HUMAN RIGHTS, Vol. 6 No. 2, 2003 by the President and Fellows of Harvard College.
　　https://cdn2.sph.harvard.edu/wp-content/uploads/sites/125/2014/04/6-Fried.pdf Visited on 13 Dec. 2021.

ア出身の女性だった。

　国際連盟時代は、職員に女性を積極的に採用していたものの、政府代表
は男性だったし、要職には男性だけが就任していた。ところが、国際連合
が創設されてからは、女性も政府代表に任命され、国連職員のみならず、
専門家委員にも多数の女性が任命されるようになっていた。クセンティー
ニ議長[29]もそのような女性専門家の一人だった。

　しかも、クセンティーニ議長がアルジェリア出身だったことも作業部会
勧告と無関係ではなかったのではないだろうか。クセンティーニ議長は、
フランスによる植民地支配を受けた被支配民族としての歴史認識を基礎と
して、同じような植民地支配下で起きた女性の被害をよく理解できる感受
性を持っていたと思われる。


　○進行中だった重大なヒューマンライツ侵害研究

　この年1992年８月には、すでにヒューマンライツ小委員会で進行中だっ
た、重大なヒューマンライツ侵害の被害者に対する補償等に関するテオ・
ファンボーベン特別報告者による研究成果が審議される予定だった。この
研究を始めることをヒューマンライツ小委員会が審議したのは1988年だっ
た。そのための決議案（E/CN.4/Sub.2/1988/L.27）[30]を提出したときには、
クセンティーニ委員も共同提案者に加わっていた。

　この決議案の背景には、植民地支配下の重大なヒューマンライツ侵害の
被害について国連がどう対応すべきかの問題があった。日本軍「慰安婦」

29　「クセンティーニ報告書」で著名である。UNDoc. E_CN.4_Sub.2_1994_9-EN,
Human rights and the environment: final report / prepared by Fatma Zohra
Ksentini, Special Rapporteur.
30　UNDoc. E/CN.4/Sub.2/1988/L.27　Compensation for victims of gross
violations of human rights : draft resolution / submitted by Mrs. Bautista, Mr.
van Boven, Mrs. Daes, Mr. Eide, Mr. Khalifa, Mrs. Ksentini and Mr. Treat.
Geneva : UN, 24 Aug. 1988.
　https://digitallibrary.un.org/record/44743?ln=en Visited on 12 12 2021.

問題に関する情報は、まさにその研究に必要な情報だった。現代奴隷制部会に筆者らが提供した情報がこの研究のために有益であることは明らかだった。だから、クセンティーニ議長ほか4名の作業部会委員は、この情報の重要性を直ちに理解し、事務総長を介してファンボーベン特別報告者に情報を送付しようとしたのは自然の流れだったのである。

### ○国連NGOの支援

国連NGOの支援があったことも忘れてはならない。筆者の発言に続いて、女性が代表する国連NGOが韓国の挺身隊問題対策協議会の要請書を読み上げた。挺対協の要請は、共同代表（当時）だった李効再教授と尹貞玉教授によって世界中の女性団体に送られていたのである。

国際法律家委員会（ICJ）の事務局員ディルバー・パラーク弁護士（女性）も熱心に傍聴していた。あとで分かったことだが、韓国女性として初めて弁護士資格を得た李兌榮（イ・テヨン）弁護士が国際法律家委員会のメンバーに入っていて、副会長を勤めていた。同弁護士は、国際法律家委員会の会議で日本軍「慰安婦」問題を取り上げるべきだという意見をすでに述べていたというのである。2月のヒューマンライツ委員会での筆者の発言直後にパラーク弁護士が、「この問題は重要なので、現代奴隷制作業部会などでフォローアップすべきだ」と助言してくれたのには、そのような事情があったからだったのであろう。国際法律家委員会は、1993年日本などに日本軍「慰安婦」問題に関する実情調査団を派遣した[31] が、それもこのような背景があったからなのだった。

### ○政府代表の発言

この年の作業部会の審議は、活発だった。政府代表の発言があったこと

---

31　前掲『普及版』、55-77頁。

もその一因であった。筆者らNGOの発言を支持して、朝鮮民主主義人民共和国（共和国）政府代表が発言した。2月のヒューマンライツ委員会で筆者が発言したときには、大韓民国（韓国）政府代表が感謝の念を表明し、支持発言をした。だが、そのときには共和国政府代表は沈黙していた。

　このようなことが起こるようになったのは、冷戦が終結したからだった。南北は、前年である1991年9月17日、国連に同時加盟した。当時、共和国は160カ国目、韓国は161カ国目の加盟国となった。韓国と共和国による南北同時国連加盟が実現していたことは、日本軍「慰安婦」問題の国連審議を活発にした大きな要因の一つだった。


## ○国際労働機関（ILO）代表の発言

　国際労働機関（ILO）代表の発言があったことには驚いた。筆者のILO29号強制労働条約違反についての発言に注目したILO代表は、この問題はILOが関係しているので、「ILOに提起してほしい」と述べたのである。そこで、筆者は、この作業部会審議の後にILOの強制労働条約担当者を訪問して関連資料を参考資料として提供した。しかし、ILOに公式に問題を提起するためには、国連NGOの資格では不足で、労働組合であることが必要であることがわかった。


## ○日本政府の反論

　日本政府は、2月のヒューマンライツ委員会の際とは打って変わって、筆者に対して本格的に反論した。その時の政府の反論は、第一に、国連創設前の問題に関する管轄権の不存在をあげ、第二に、その後の反論の原型となった条約の抗弁を主張した。現代奴隷制作業部会は、これらの反論にもかかわらず、勧告を出すことを決めたことが重要である。

　国連が戦前の問題に関する管轄権を持つか否かに関する反論は、すぐに対応が必要だった。もし管轄がないということになれば、戦前の問題の国

連審議はできなくなり、NGOの発言さえ許されなくなるだろう。この問題を優先的に研究したところ、前述のとおり、国際連合は、国際連盟が持っていた奴隷問題に関する権限を1953年奴隷条約議定書により継承したことを発見できた。機会をとらえてこの再反論を行ったことから、以後日本政府はこの反論を蒸し返すことはなくなった。

　条約の抗弁については、日本政府は国連手続内では、それ以後一貫して主張し続けた。筆者ら国連NGOは、これに対して詳細な再反論を加えた[32]。これに対して、国連機関は審議を継続したことに注目すべきだろう。


　　○日本の報道は低調。
　この現代奴隷制作業部会の勧告は、筆者の知る限り、国連機関が公開の場で日本の重大なヒューマンライツ侵害問題について積極的にアクションをとった最初の事例だった。その後の国連手続の発展を基礎づけた歴史的勧告である。この作業部会勧告がなければ、その後の国連での日本軍「慰安婦」問題の論議の発展はなかったと言える。だから、きわめて重要且つ画期的な成果だった。
　ところが、そのような画期的な国連によるアクションには似つかわしくないほど、日本での報道は極めて低調だった[33]。それがなぜなのかは、かなり重要な問題なのだが、後に詳述することにしたい。


　④　次々と続く国連審議・決議・勧告
　日本軍「慰安婦」問題については、世界的な女性運動による広範な支持が燎原の火のように燃え広がった。

---

32　①前掲『普及版』、10-54頁、208-302頁、357-381頁。②戸塚悦朗資料：「元日本軍「慰安婦」被害者申立にかかる事件に関し大韓民国憲法裁判所へ提出された意見書──いわゆる「条約の抗弁」について──」龍谷法学42巻1号、2009年、193-222頁。
33　毎日新聞（伊藤芳明ジュネーブ支局長）は報道したが、例外だった。

　前述のとおり、この現代奴隷制作業部会勧告は、1992年8月のヒューマンライツ小委員会決議によって支持された。筆者は、1993年からは、国際友和会（IFOR）代表として国連活動を継続するようになった。日本政府の主張に対する再反論のために継続的に研究を進めた。毎年のようにヒューマンライツ委員会、現代奴隷制作業部会、ヒューマンライツ小委員会のたびに日本軍「慰安婦」問題についての審議には多数の国連NGOが加わるようになった。会議のたびに新たな決議・勧告が続いた。

　国連総会レベルの国際会議でも日本軍「慰安婦」問題の審議がなされた。1993年ウィーン世界ヒューマンライツ会議では、日弁連代表団も加わり、激しい審議が行われ、最終文書原案の修正という成果まで獲得した。日本軍「慰安婦」問題は、対女性暴力の問題の象徴のように扱われるようになった。1995年北京世界女性会議にも日弁連代表団が参加し、理事会で採択された日本軍「慰安婦」問題についての提言を提出した。

　この間に、1993年国連総会は、女性に対する暴力の撤廃に関する宣言を採択し、ヒューマンライツ小委員会は、戦時性奴隷等の特別報告者を設置して研究を開始していた。1994年ヒューマンライツ委員会は、女性に対する暴力の特別報告者を設置した。これらの特別報告者は、日本などを訪問・調査して、報告書を国連に提出した。

　これらの動きは、ついには国際刑事裁判所ローマ規定の採択（1998年）にまでもつながった。また、2005年国連総会は、「国際人権法の重大な違反および国際人道法の深刻な違反の被害者に対する救済および賠償の権利に関する基本原則とガイドライン」（国連原則）を採択し、日本軍「慰安婦」のようなヒューマンライツの重大侵害の被害者を救済すべきことを明らかにした。

　これとは別に、ILOでの成果もあった。ILOの監督機関である専門家委員会が1996年に日本軍「慰安婦」問題について強制労働条約違反を指摘する勧告を公表した。

ヒューマンライツ条約機関も日本政府に対する勧告を出すようになった。

これらについては、筆者は、前記したとおり、継続して、『週刊法律新聞』、『法学セミナー』の連載に報告を掲載したのみならず、『日本が知らない戦争責任』（現代人文社）[34]、前掲『ILOとジェンダー』（日本評論社）などを出版して公表に努めた。

### ⑤ 大韓帝国の植民地支配は不法だったのか？

#### ○日本が国連勧告を尊重しないという問題

多くの国連決議・勧告にもかかわらず、日本政府は、日本軍「慰安婦」問題に関する国連勧告を尊重してこなかった。これをどう考えるかは、それ自体が大きな問題である。

最近筆者は、これは、日本政府も社会も過去の植民地支配の問題に関する歴史認識を深めることができていないからではないか？と考えるようになった。この問題を解く鍵について考察し、3冊の著書[35]を出版した。これらの著書は、1905年11月17日付の「日韓協約」とされている条約（1910年韓国併合条約の基礎となっている）は実際には「存在しない」という発見に基いている。しかし、この発見に至るまでには、長い間の研究が必要だった。

#### ○ILC1963年報告書を発見

その研究の基礎には、1905年11月17日付の「日韓協約」は、大韓帝国の国家代表個人への脅迫のゆえに絶対的無効な条約だったとする国連国際法

---

34　戸塚悦朗『日本が知らない戦争責任：国連の人権活動と日本軍「慰安婦」問題』現代人文社、1999年。及び前掲『普及版』。

35　①戸塚悦朗『「徴用工問題」とは何か？──韓国大法院判決が問うもの』明石書店、2019年。②同『歴史認識と日韓の「和解」への道』日本評論社、2019年。③同『日韓関係の危機をどう乗り越えるか？──植民地支配責任のとりかた』アジェンダ・プロジェクト、2021年。

委員会（ILC）の1963年総会宛て報告書の発見があった。これを見つけたのは、1991年にLSEのLLMコースを終えたのち、その客員研究員となって研究を続けていた当時だった。1992年秋ロンドンの高等法学院（IALS）図書館でILCの年次報告書を調べていて、偶然発見するという幸運に恵まれた。ただ、日本では日韓旧条約の効力研究がタブーになっていたため、日本語の学術論文[36]として公表するまでには長い時間がかかった。

### 3.「ジェンダー視点の欠如」を批判される！

このような国連活動を継続しながら、その時々の新たな情勢についての講演に招かれ報告する機会もかなりあった。1997年3月から4月にかけて国連ヒューマンライツ委員会に参加した直後のことだった。日本で講演を依頼されて、当時の国連情勢を背景に日本軍「慰安婦」問題の立法解決のための国会運動についての講演をした。当時の手帳で確かめたところ、1997年4月22日に日本キリスト教団主催で開かれた講演会（会場は柏木教会）の記載があった。

相当多数の参加者があったことを記憶している。筆者の講演が一応終わった後、質疑応答の時間になったときのことである。日本の女性団体の一人から、衝撃的な指摘を受けた。「戸塚さんの国連活動には、ジェンダーの視点がないと思う。どうか？」というのである。

この批判は全く当たっていて、筆者自身が自覚していた大きな弱点だった。筆者は日本の普通の男性で、家父長的な「常識」にどっぷりつかっていた。困ったことに、実際問題として、ジェンダーの研究も全くしたことがなかった。それなのに、日本軍「慰安婦」問題について国連NGO活動を続けてきたのだ。筆者の国連活動の動機は、前述したとおり、ジェンダー問題への対応が焦点ではなかった。一回切りのつもりで始めた国連で

---

36　戸塚悦朗「統監府設置100年と乙巳保護条約の不法性——1963年国連国際法委員会報告書をめぐって——」『龍谷法学』39巻1号、2006年6月、15-42頁。

の発言に予想外の大きな反応があったために、いわば行きがかりのように
継続してきた活動だった。だから、内心相当居心地が悪かった。この質問
には弁解もできず、反論の余地も全くなかった。アキレス腱が切れたよう
な思いだった。とても乗り越えられそうにない厳しい批判を受けて、進退
きわまってしまったのである。

　その場で、「これ以上国連NGO活動を継続することはできない」と判断
せざるを得なかった。そして、その批判的な質問に応え、事実を認め反省
し、今後日本軍「慰安婦」問題についての国連NGO活動をやめると約束
したのである[37]。そのうえで、1997年いっぱいかけて、関係の市民活動家
や労組に新たな団体を立ち上げるよう要請し、国連NGO活動とILO活動を
引き継いでもらった。そうした準備をしたうえで、1998年からは、国連に
行くことをやめた。このような経緯のため、1997年8月の国連ヒューマン
ライツ小委員会に参加したのを最後に、この問題での国連NGO活動の第
一線からは身を引くことになった。

　重大な決断だった[38]。これは、人生の上で何度もない大きな転換点にな
り、生涯忘れがたい体験となった。


① ジェンダーの視点とは？

　それではどうするのか？それが問題だった。「ジェンダーとは何か？と
いう根本を知らないではないか！」という問いかけが大問題として提起さ
れたのである。筆者には、それは「告発」と感じられ、心に残った。そこ

---

37　正確に言えば、「その通りで、弁解の余地もなく反省している。大変居心地が
　　悪かった。男性の弁護士が日本軍「慰安婦」問題に取り組み続けているので、
　　「金もうけのためだろう」と言う誤解を受けて困っていた。「早く辞めたい」と
　　かねがね希望していた。国連活動を女性団体の方たちにできるだけ早く引き継
　　いでほしい。」と答えた記憶である。
38　前掲『普及版』、280-283頁でこのときの状況を含めいくつかの要因を報告し
　　たが、決断に至った最も大きな問題は、ジェンダー視点の欠如への批判への対
　　応だった。

でこの問題に取り組むことができるように、1998年から米国シアトルにあるワシントン大学の客員研究員になって研究者生活を始めることにした。

　2000年からは、神戸大学大学院国際協力研究科の教員になって、研究と教育に取り組むことになった。「告発」を受けてから8年もかかったが、この間の研究成果を前記した『ILOとジェンダー』という本にまとめることができた。これを立命館大学大学院に提出して2007年に博士号（国際関係学）を授与され、研究者として認められることができた。衝撃的な「告発」という大波を受け大転換を迫られたのだが、結果的にみると再起することは可能だった。今思うと、質問者の問いかけに直面し、率直に応答したことが、大波を乗り越えることを可能にしたのだと思っている。「災い転じて福となす」という体験だった。

　この大転換が、以下に述べる重要な「発見」につながることになったのである。


## ②　ワシントン大学でのジェンダー研究

　1998年3月からワシントン大学の客員研究員として研究を始めたが、「ジェンダーの視点とは何か？」と考えてみても、容易にわからない。とりあえず、女性差別の問題の研究から始めることにした。疑問はいくつも出てきた。ジェンダーの視点を意識して研究を始めると、これまで見えなかったことが見えるようになるという体験を何度もした。次々と「発見」があったのは、とても不思議なことだった。

　日本軍「慰安婦」問題について、1996年ILO専門家委員会が強制労働条約違反を指摘する勧告をしていた[39]。だが、それをフォローアップするはずのILO総会討議が実現していなかった。それがなぜなのかはよくわからなかった。ILOの総会討議とはどのようなものなのか？それもわからな

---

39　前掲『普及版』、240-244頁、292-295頁。

かった。

　ILOの創設の歴史から研究する必要があると考えるようになった。これ
までは、国連やILOに対する次のアクションをどうするか？というような
その時々の短期的考慮から必要に迫られた研究がほとんどだった。だから、
歴史研究などの悠長な基礎的研究には取り組む余裕がなかった。しかし、
研究者になって疑問に感じた課題に取り組んでみると、問題をどこまでも
深く掘り下げる必要があることがわかってきた。

　○ILOに関する発見

　ジェンダーの視点から研究を続けた結果分かったことがある。日本と
ILOの関係について三つの重要な発見があった。

　第一の発見は、すでにILO総会による日本問題の審議があったことだっ
た。この場で日本政府はジェンダーの視点からの厳しい国際批判を浴びて
いたことがわかった[40]。女性の賃金差別問題（ILO100号条約の男女同一価
値労働同一賃金原則違反）で、1993年のILO総会で討議がなされたのであ
る。1992年日本軍「慰安婦」問題の国連提起の翌年に起こったことに注目
すべきである。これは一回では終わらず、1994年にもILO総会は2回目の
討議をした。

　第二には、日本の男女賃金差別の実態は、欧米先進国と比較すると驚く
ほど大きいことが確認できた[41]。けた外れの女性差別だからILO総会で批
判されたのは当然のことだった。

　ところが、このような重大なILO総会討議による批判が日本ではほとん
ど知られていなかったことがわかった[42]。これが第三の発見だった。

　第三の発見は重要かつ深刻である。報道がなければ、ILO総会審議は日

---

40　前掲『ILOとジェンダー』、218-220頁、229-250頁。
41　前掲『ILOとジェンダー』、209-218頁。
42　前掲『ILOとジェンダー』、221-229頁。

本にほとんど影響を与えない。国際機関の存在意義さえ無にしてしまう。全国紙による一面トップ記事によって報道されるべき大ニュースだった。それにもかかわらず、まともな報道がなかったのだ。そのために、この事実を筆者が知らなかっただけではないのである。調べてみると、女性の権利のために献身的に活動していた日本の女性の研究者も、国会議員も、日弁連関係者もだれもこの重要なILOの貢献に気付いていなかったことがわかった。


　　○なぜ報道がなかったのか？
　1993年ILO総会討議について、まともな報道がなかったのはなぜなのか？を検討する必要があると痛感した。筆者は、ILO総会に出席した日本の政労使の代表が男性中心の思想に支配されていて、報道関係者への説明の仕方に問題があったのではないかと批判した[43]。
　しかし、それだけでは真相を究明したことにならない。政労使代表の説明を鵜呑みにした報道関係者の問題もあるからである。日本の主要報道機関からは、ジュネーブの国連欧州本部には約7名の特派員が派遣されていて、ジュネーブにある多数の国際機関の活動などを取材していた。ILO総会は、例年国連欧州本部とすぐ近くのILO本部で開催される。だから、日本の報道機関の特派員は自ら独自の判断で取材することは容易だった。
　問題は、日本からのジュネーブ特派員は、男性ばかりだったことだ。筆者がそうであったように、日本人の男性記者たちもジェンダーの視点が乏しかった可能性が高い。だから、ILO総会が日本に関するジェンダーの問題について重要なアクションをとっても、その重要性が見えなかったのではないか。
　それだけではない。1992年5月の国連現代奴隷制作業部会の勧告につい

---

43　前掲『ILOとジェンダー』、243-244頁。

ての日本の報道機関の動きが極めて消極的だったことは、前述した。それは、当時の日本の報道機関のジュネーブ支局には男性記者しかいなかったことを考えれば、当然のことだったとも言えよう。しかし、筆者には、そのような日本の報道機関の弱点が見えていなかった。ジェンダーの視点を欠いていたことを反省して、改めて問題を事後的に見直してから初めてこの問題点が見えてきたのである。

　日本軍「慰安婦」問題が国際的に大きな問題になったのは、朝日新聞の報道の責任だとする保守派の攻撃があって、日本社会を激しくゆり動かした。しかし、筆者から見ると、それは全くのフェークニュースだとしか言いようがない。日本軍「慰安婦」問題が世界的な関心事になったのは、吉田清治についての朝日新聞の誤報によるとする保守派の主張は正鵠を得ていない。そのことについては、2015年の論文[44] で詳述した。

　その時には書かなかったエピソードを紹介しておきたい。

　1992年2月この問題を初めて国連ヒューマンライツ委員会に提起した時のことである。それまでの国連行動の際の慣例にしたがって、ジュネーブ駐在の主要報道関係者への事前説明をしようとした。朝日新聞の特派員にも、今回は日本軍「慰安婦」問題について発言する予定であることを電話で説明し、必要があれば直接より詳しい情報提供もできる旨を申し出たのである。いつも事前の情報提供には感謝されていたからだった。

　ところが、このときの朝日新聞特派員からの反応は、全く予期に反するひどいものだった。「こんなに古い、終わった問題を持ってくるなんて。あなたはそれでも法律家ですか！」と筆者を非難し、特派員の方が取材を拒否するという異例の事態が起きたのである。国連発言の際も、事後にも、一切何の取材もなかった。だから、朝日新聞は、筆者の日本軍「慰安婦」問題に関する国連初発言について一行の報道もしなかったのである。

---

44　戸塚悦朗、「軍事的性奴隷制と国連人権委員会」季刊戦争責任研究84号（2015年夏季号）、12-29頁。

　その他の報道機関（毎日新聞を除く）も似たような反応だったが、朝日新聞特派員からの反発は最も強烈だった。筆者は、ロンドンで留学生活を送ってはいたが、弁護士登録を取り消してはいなかった。れっきとした法律家の資格を維持していたし、法律家としての自負もあった。それなのに、法律家としての資質とアイデンティーを否定するかのような侮辱的な言葉を浴びせられたのだ。ひどく腹がたったのは、聖人ではない筆者には自然なことだったと思う。ジャーナリストからこのような侮辱的な扱いを受けて悔しい思いをしたことは、それ以前も以後もなかった。

　筆者は、2月アクションをとる前には、ヒューマンライツ委員会に一回だけ問題提起をすればそれでよいと考えていた。日本政府（瀬崎大使）の国連答弁は常識的なものだったから、日本政府への反発心もわかなかった。

　しかし、朝日新聞特派員の侮辱的反応に傷つけられ、いささか感情的になっていた。気持ちが収まらず、「なんとしても、実務法律家らしい国連活動をして、結果を出さなければ名誉回復できない」と思い詰めてしまったのである。そのようなことがあったので、ICJのディルバー・パラーク氏の勧めに従って、その直後から他のことをおいて、現代奴隷制作業部会に参加するための研究に励むことを決意したのである。

　そして、この腹立ちまぎれの研究が効果をあげて、ILO29号条約違反を「発見」できた。その結果、前述した1992年5月の現代奴隷制部会の勧告を獲得することができたのである。当然のように、朝日新聞特派員は、このときも何の取材もしなかった。だから、朝日新聞は、このときも現代奴隷制部会の決議について、一行の報道もしなかった。このことからわかるように、朝日新聞は、日本軍「慰安婦」問題に関する国連の画期的アクションについて全く報道せず、国際社会に対して何の影響もあたえなかったのである。

　今思うと、このような朝日新聞特派員のひどい対応がなければ、筆者はこの問題で国連活動を継続しなかった可能性がある。そうだとすると、国

連での日本軍「慰安婦」問題の審議の発展は、朝日新聞特派員の言葉に対するリベンジ的な感情的な対応から始まったとも言える。意図せずに筆者を「激励」してしまったという皮肉な結果ではあったが、それは、朝日新聞特派員が意図したことではなかった。逆に、彼はむしろ報道しないことによって、日本軍「慰安婦」問題の沈静化を意図していたのに違いなかった。

　このように見てみると、朝日新聞は、日本軍「慰安婦」問題に対する世界的な批判の広がりに責任があるという保守派の批判は、（少なくとも初期の国連報道に関連しては）フェークニュースに過ぎないと言えるのである。

　このようなジュネーブ駐在の日本人記者の反応は、「日本人男性」故に持つ日本軍「慰安婦」問題に対する激しい嫌悪感から出たのではなかったかと推測できる。そうだとすると、彼らがこの問題の報道に消極的だったのは、ジェンダーの視点からすれば十分な理由があったと思われる。

　日本の報道機関が女性賃金差別問題のILO総会審議にも、日本軍「慰安婦」問題についても極めて消極的な報道姿勢をとっていたことについては、ジェンダーの視点から分析する必要があると思われる。しかし、当初の筆者には、そのような日本の報道機関の弱点が見えていなかった。ジェンダーの視点を欠いていた自らの弱点を反省して、改めて問題を見直してから、ようやくこの問題点が見えてきたのである。


### ③　女性の権利の歴史研究からいくつもの発見！

　前記したILO100号条約、その柱となっている男女同一価値労働同一賃金原則はどのような経緯で定められたのだろうか？それを定めたILOとその監督機関が創設されたのはなぜなのか？これらの問いに、ジェンダーの視点から研究する必要があると思われた。

　世界の歴史のなかでILO創設の研究に取り組みだすと、次々と重要な新

たな発見があった。そのなかでも、特に重要な点を挙げておきたい。

○T. ショトウェル教授の著書との出会い

T.ショトウェル教授は、1919年パリ講和会議に参加した米国政府代表団の顧問で、ILOを創設したヴェルサイユ平和条約の労働編の起草過程に早くから参加した歴史学者であった[45]。同教授が編集し、出版した詳細な資料集[46]を入手できたことから、筆者の研究は可能になった。その意味で、重要な恩人のひとりである。実は、のちにヒューマンライツの成長にも早期の段階で大きな貢献をしたことは、後に知ることになったが、ここではこれ以上述べない。

○『人権宣言集』は誤訳だらけだったのか？

（その3）論文で筆者の宮沢憲法学との出会いから始まり、本論文でもその後の「海図を求める旅」までの長い物語を書いてきた。それを説明したのは、以下の「発見」が持つ意味を明確に示すためにどうしても必要だと思われたのである。

ILO創設までの歴史を研究するためには、ヴェルサイユ条約まえの女性の権利運動の歴史を研究する必要があった。世界史すべてを通じて女性の権利運動の歴史を研究することは筆者の手に余る。そこで、当時の主要国、パリ平和会議を主導した第1次世界大戦の戦勝五大国とヴェルサイユ条約に署名した敗戦国ドイツに限定して研究することにした。後にそれを『ILOとジェンダー』の第1章にまとめた。

その過程で、フランスについて研究してみると、とても奇妙なことに気付いたのである。

---

45　前掲『ILOとジェンダー』、65頁。

46　Shotwell, James T. ed., *THE ORIGINS OF THE INTERNATIONAL LABOR ORGANIZATION Vol. 1*, COLONBIA UNIVERSITY PRESS, 1934.

いわゆるフランス「人権宣言」は、1789年8月26日憲法制定会議により採択され、そのまま1791年の憲法に取り入れられた。正式名"Declaration des droits de l'homme et du citoyen"は、「人および市民の権利宣言」と訳され、その第1条は、「人は、自由かつ権利において平等なものとして出生し、かつ生存する。社会的差別は、共同の利益の上にのみ設けることができる」と訳されている[47]。

　この日本語訳では、権利主体は、「人」である。「人」が日本語の言葉として持つ通常の意味としては、男性も女性も含むはずである。「市民」にも男女が等しく含まれるように読める。したがって、女性に対する差別は、原則として許されないことになるはずだ[48]。このような宣言を持つ国家にあっては、女性にも当然に選挙権が保障されるであろう。そればかりか、その他の法的な差別も原則として禁止されているはずである。そこでは、男女平等賃金原則が実施されていても不思議はない。

　しかし、「人および市民の権利宣言」と翻訳されたフランス語原文[49]を見ると、「人」と翻訳されたのは、"homme"であって、文字通りならば本来「男」と翻訳されるべき男性名詞なのである。また、「市民」と訳された、"citoyen"も男性名詞である。1793年ジロンド憲法草案に含まれたとされる「人々の市民的および政治的自然権の宣言の草案」と訳されたフランス語原文[50]にも、上記したのと同じ問題がある。"hommes"の文字通りの意味は、「男」であるが、「人々」と男女を含む日本語に訳されているのである[51]。文字通りの通常の意味は、「男の…自然権の宣言」であるはずなのである。

---

47　『人権宣言集』（高木・末延・宮沢編、岩波文庫、1957年、128～133頁［山本桂一氏担当部分］。
48　特に「共同の利益」に基づく社会的差別の例外をのぞく。
49　Declaration des droits de l'homme et du citoyen.
50　Projet de Declaration des droits naturels, civiles et politiques des hommes.
51　前掲岩波文庫、134～140頁［山本桂一氏担当部分］。

　勿論、一般的な翻訳問題としていえば、これまでの通説のように、"homme"が「人」全体を指すとするのも、あながち間違いとは言い切れない。しかし、その場合は、そのような意訳が適当とされる社会的事実、すなわち、現実の法の適用として、男女が平等に扱われていたことを示す事実の存在が、意訳の裏づけとして必要なのではないだろうか。

　しかし、この宣言が採択されたフランス革命期の歴史的な諸事実を見ると、全く逆であった。男性・市民の権利が伸張したのに対して、女性は差別され、その権利は徹底的に侵害されたことを示しているのである[52]。

　フランスの「人および市民の権利宣言」のモデルとなった米国のいわゆる人権宣言などについても、原文と日本語訳を対比してみると同じ問題があることがわかった。原文では"men"（内容的には白人男性を示す）とされているのに、「男」ではなく「人」と翻訳されているのである。英語でもフランス語でも、「男」にしか権利を認めないことを、アメリカ人もフランス人もしっかりと明文で書いている。それなのに、それらを日本語に翻訳する段階で、日本の研究者は、「人」と翻訳してしまったのである。宮沢教授の時代にもそれを維持していた。

　（その3）論文で述べた通り、宮沢教授が教材として筆者ら学生に参照するようにと指導した『人権宣言集』（岩波文庫、1967年第12刷）を見ると、内容的にも言語的にも「男権」とされるべきものが「人権」と翻訳されている。もし厳格に言うなら、これらは誤訳と言わざるを得ない。この本に収載されている権利宣言のうちで、本当の意味での「人権宣言」は「世界人権宣言」だけなのである。だから、書物のタイトルとしては、『男権宣言集』とするか、『権利宣言集』とするのが正確ではないだろうか。筆者にはそう思われた。

　ところが、"human rights"という言葉を含んだ1945年のポツダム宣言が

---

52　前掲『ILOとジェンダー』、31-36頁。

日本政府に向けて発布されたときに、日本政府は、これを「人権」と翻訳した[53]。これでは、それまでの権利との違いが判らなくなってしまう。注意すべきなのは、これは米英華三国首脳から日本政府に対して発せられた、国際法の平面上の要求であるということである。これは、内容的にはこれまでの"men"＝「男」の権利ではなく、"human"＝「人」の権利を意味する。

この「発見」は、ジェンダーの視点を意識して研究し始めた筆者にとってはかなり衝撃的な大きな問題と思われた。だが、この問題にどのように対応すべきか？を考えても答えはなく、よくわからなかった。この問題は後に再度議論することにしたい。

### ４．2002年参議院憲法調査会にて「人権の国際化」？
### ①　2000年神戸大学の教官になる

2000年からは、前述したとおり、神戸大学大学院国際協力研究科の教員（助教授）になって、研究と教育に取り組むことになった。教育面では、国連NGO活動体験授業に力を入れた[54]。研究面では、ILOとジェンダーの問題について研究を継続して論文[55]として公表するほか、日本軍「慰安婦」問題と犯罪の関係について1932年長崎地裁判決を発掘[56]するなど、かなりの成果を上げることができたのはこの時代だった。

神戸大学時代に遭遇した困難な研究テーマは、2002年参議院憲法調査会

---

53　歴史的には、"human rights"という言葉は、1942年1月1日づけの国際文書（連合国宣言）によってはじめて使用されたが、これは日本に向けられたものではなかった。

54　前掲戸塚『入門』、第3章。

55　①戸塚悦朗「ILO創設と男女平等賃金原則の成立（1）」『国際協力論集』8巻2号、2000年11月、1-25頁。②同「ILO創設と男女平等賃金原則の成立（2）」『国際協力論集』9巻1号、2001年6月、1-17頁。③同「ILO創設と男女平等賃金原則の成立（3）」『国際協力論集』9巻2号、2001年10月、157-172頁。

56　前掲『普及版』314-356頁。

から招かれた際の課題だった。筆者は、「人権の国際化」についての意見を述べるように求められた。

どのように応答するのかを考え始めたときに、最も難しかったのは、この課題を正確にとらえることだった。参議院憲法調査会の議員の間では、「人権はもともと国内的にしか保障されなかったが、最近は国際的に保障されるようになってきた」という理解が大方の共通理解だったのだと考えられた。

○「人権の国際化」と「人権の国内化」

ところが、筆者がワシントン大学時代の研究で「発見」したところによると、この理解には問題があることになる。"human rights"は、米国やフランスでは、もともと国内法では保障されていなかったからである。この言葉が法的な概念として文書化されたのは、条約であれば1945年国連憲章が初めてであり、国際宣言を入れれば1942年連合国宣言が初めてだった。

そうすると、筆者が論じなければならないことは、国際的に保障された"human rights"をどうやって国内化するか？という課題（つまり「ヒューマンライツの国内化」の問題だということになる。

このころは、前述した「誤訳」問題は、筆者の独自の見解の段階に過ぎず、まだ十分に熟していなかった。だから、かなり新しい問題提起をすることにならざるを得ない。短い口頭発言では意を尽くすことができないと考え、論文の形の文書「「人権の国際化」と「人権の国内化」──参議院憲法調査会への提言」[57]を執筆し、提出することになった。

○2003年『国際人権法入門』の出版

---

57　戸塚悦朗「「人権の国際化」と「人権の国内化」──参議院憲法調査会への提言」国際協力論集10巻3号、2003年2月、71-93頁。これは、前掲戸塚『入門』、第1章に転載。

芹田教授の求めに応えて、神戸大学在職中に本を出版する必要があったので、2003年に前記した『国際人権法入門』を出版した。この中では、前述したとおり、国際人権法の定義についてかなり考えさせられた。参議院憲法調査会への提言論文（第1章）のほか、筆者の国連NGO実務経験（第2章）のほか神戸大学での教育の試み（第3章）を掲載した。内容が難解になったので、「入門」というタイトルが不適当だったかもしれなかった。

### ○2006年『ILOとジェンダー』の出版

前述したとおり、筆者がジェンダーの視点を欠いていたことを反省し、ワシントン大学でジェンダーについて研究をはじめたのは、1998年のことだった。その研究の過程で、「男権宣言」が「人権宣言」と誤訳され続けてきたことを発見することができた。2000年から神戸大学の教員になってその研究を継続したことは前記した。2003年に龍谷大学に移ってからもこの研究を続けた。2006年になってやっと前記した『ILOとジェンダー──性差別のない社会へ』を日本評論社から出版することができた。8年越しの研究成果だった。

### ○2009年『国連人権理事会』出版

筆者が活用してきた国連憲章上の手続きについてまとめて発表する機会がなかった。2006年3月15日の国連総会決議によって機構改革が断行されることになったことから、ヒューマンライツ委員会は、ヒューマンライツ理事会に生まれ変わることになった。この激動の時期をとらえて、2009年前記した『国連人権理事会──その創造と展開』を日本評論社から出版した。そのなかで国連憲章上の手続きを紹介することができた。

その中で、それまでのヒューマンライツ委員会とヒューマンライツ小委員会が築き上げてきたテーマ別手続がほとんどそのままヒューマンライツ

理事会に引き継がれることになったことを報告した。ヒューマンライツ小委員会は、諮問委員会に組織替えされて弱体化したことは残念だったが、それ以外の国連憲章上の手続きには大きな変化はなかった。新たにUPR普遍的定期的審査手続きが生まれたことも報告した。

### ②　海図を求める旅の終わり

　こうして、筆者の海図を求める旅は、終わった。筆者なりに画いた海図は、相当数の論文といくつかの出版物の形で公表したので、参照していただければ幸いである。

　この旅で筆者が発見できたのは、1988年神戸人権擁護大会で筆者に問いかけられた難問への回答だった。今だからようやく言えることだが、「「ヒューマンライツ」を保障する国際法は、憲法上の「人権」を保障する国内法とはちがう！」のである。

　注目すべきは、若い世代の多数の弁護士たちが、より精密な海図を描こうと新たな旅[58]を始めていることである。完成のあかつきには、弁護士会全体だけでなく、政府、裁判所、国会、支援団体や社会全体、多くの人々の航海のために、よき水先案内となるであろう。

### 5．ヒューマンライツと「人権」は違う！

　「ヒューマンライツと「人権」は違う」という回答には、どのような意味があるのだろうか？「ヒューマンライツ」と「人権」の区別を明確にすることで、法とりわけ国際法の平面に関する正確な認識が可能になる。そのうえで、ヒューマンライツの歴史を概観することによって、ヒューマンライツの全貌にせまることができるようになる。それは単なる「言葉遊

---

[58]　大川秀史弁護士が中心となって、150名の弁護士による『国連個人通報150選』（現代人文社から2022年中に出版予定）というヒューマンライツ条約機関先例集を編纂中とのことである。

び」でもないし、観念的な議論でもない。今後私たちがどのような世界認識にもとづいて、どのような政策を立てるのかを考えるうえで、不可欠の法認識を確立することにつながると思う。


① 思い切って訳語を創出してみよう！
　○"human rights"を「ヒューマンライツ」と翻訳しては？
　読者がポツダム宣言を受け取ったと仮定してみよう。その際は、"human rights"という言葉が、将来これほど多数の国際文書に現れてくるとは想像もしなかっただろう。単純に英語の翻訳として「人権」と翻訳したことを誤りとすることはできない。しかし、もしこの英語の言葉がこれまで国際文書に登場していなかったという知識があったとすれば、どうであろうか？それまでの権利宣言が実際には「男権宣言」だったのに「人権宣言」とされていたということを知っていればどうであろうか？迷いに迷って、カタカナの日本語に翻訳することは考えられなかったであろうか？
　ポツダム宣言の段階では無理だったとしても、「人権」が「男権宣言」の翻訳の段階で既に使われてしまっていることに気が付けばどうだろうか？"human rights"を「人権」と翻訳すれば、それまでの"rights of men"＝「男権」[59]の翻訳としての「人権」という日本語との間で、概念の区別

---

59　前掲「ヴァジニアの権利宣言（1776年）」(『人権宣言集』、108-112頁)の第1条は、「すべての人は、…」と訳されている。英文原文は率直に"That all men …"とする。
　　VIRGINIA DECLARATION OF RIGHTS (1776)
　　A Declaration of Rights made by the Representatives of the good people of Virginia, assembled in full and free Convention; which Rights do pertain to them and their posterity, as the Basis and Foundation of Government.
　　1. That all men are created equally free & independent, & have certain inherent natural Rights, of which they cannot, by any Compact, deprive or divest their posterity; among which are the Enjoyment of Life & Liberty, with the Means of acquiring & possessing property, & pursuing↗

がつかなくなることに思いをいたすことができなかったであろうか？

　　○2015年AI講演会

　やっと私なりの答えができた。2015年にアムネスティ・インターナショナル（AI）から人権の尊重が日本で進まない理由について講演を依頼された。この際の講演録は、ブックレット[60]として出版されている。このときには、副題として「「慰安婦」問題とヒューマンライツ」」をつけるところまでは考えがまとまってきていた。翻訳の問題を意識していたのである。しかし、残念ながら、ブックレットのメインタイトルに「人権」が残っていた。筆者の考察がまだ不徹底だったと反省している。


　　○「ヒューマンライツの日本語訳は？」

　2021年10月のことだが、講演でこの問題を話した。ところが、「ヒューマンライツの日本語訳は何というのですか？」という質問を受けることになった。「カタカナだから日本語なのです！」と答えた。

　カタカナになった外来語としての日本語は、数限りないほどたくさんある。だから、その一つと考えればよいのではないだろうか。


　② 芦部教授に尋ねて見たかった

　この論文の執筆中に気付いたのだが、芦部信喜教授が「ヒューマンライ

---

　↘　　& obtaining Happiness & Safety.
　　　https://www.americanevolution2019.com/wp-content/uploads/2018/08/
　　　PDF-Virginia-Declaration-of-Rights-Full-Lesson.pdf#:~:text＝The%20
　　　Virginia%20Declaration%20of%20Rights%20was%20written%20by,of%20
　　　Independence%20and%20the%20U.S.%20Bill%20of%20Rights.　2021年12月
　　　22日閲覧。
60　戸塚悦朗［述］『人権の尊重が日本で進まないワケ：「慰安婦」問題とヒューマンライツ：講演録』アムネスティ・インターナショナル日本関西連絡会、2016年。

ツとしての「人権」」という項[61]を設けて「人権と自然権」について論じ
ていることを知った。芦部教授がなぜここで「ヒューマンライツ」という
カタカナの翻訳語を使ったのかについて、尋ねて見たかった。だが、残念
ながら1999年に他界されていて、今はそれもかなわない。

（まとめ）

　海図を求める旅で何が見つかったのだろうか？新しい問が見つかったの
である。1945年にヒューマンライツを保障する国際法による「革命」が起
きたのではないのだろうか？その革命は、どのように起き、どのように発
展したのだろうか？国際法の平面で起きた革命であるヒューマンライツの
歴史について研究する必要がある。

# 第5、ヒューマンライツの歴史[62]

## 1．1942年ヒューマンライツの誕生

　米英に対する1941年宣戦布告後は、連合国宣言（1942年）に始まり、国
連憲章の制定（1945年）と世界ヒューマンライツ宣言（1948年）の採択を
基礎として、ヒューマンライツを保障するための国際法が着実に発達して
きた[63]。にもかかわらず、連合国と敵対していた日本にはそれが十分及ん
でこなかったことに注目する必要がある。

　その過程を簡潔に振り返ってみたい。

---

61　芦部信喜『憲法学Ⅱ人権総論』有斐閣、1994年、47-48頁。
62　戸塚悦朗「「漸進的無償化」留保撤回10年を迎えるにあたって――国際人権法
　の立場から」『高等教育における経済的負担軽減及び修学支援に係る法・制度・
　行財政の日韓比較研究』2021年。http://www.lib.kobe-u.ac.jp/handle_
　kernel/81012876　の一部を許可を得て第5に転載させていただきました。
63　戸塚悦朗「外国籍の子どもの教育への権利と教育法制――国際人権法の視点
　から教育基本法「改正」問題を振り返る――（その4）」龍谷法学43巻4号、2011
　年3月197-231頁。

### ①　真珠湾奇襲攻撃が生んだ「ヒューマンライツ」理念

　朝鮮の植民地化に始まった日本の国際法秩序の破壊行動は、中国への侵略、対米英宣戦布告によって頂点に達し、日独伊の枢軸国と米英の連合国による第２次世界大戦の開戦に至った。1941年12月７日（現地時間）の大日本帝国海軍による真珠湾奇襲攻撃の直後のことである。大英帝国のチャーチル首相は、急遽訪米してワシントンD.C.のホワイトハウスに長期滞在し、F.D. ルーズベルト大統領と連日の協議を続け、日独伊などの枢軸国に対する戦争の勝利に向けた世界戦略を練った。

　連合国（United Nations）の結成をつのるためには、なぜ枢軸国と世界戦争を遂行するのかを明確に示す理念を打ち出す必要があった。F.D. ルーズベルト大統領がすでに掲げていた理念であった４つの自由が基礎になった。それだけでは不十分と考えられたことから、これまでに国際文書によってうち出されることがなかった新しい理念である"human rights"という言葉が宣言の起草最終段階で追加された。この言葉を草案に加筆したのは、F.D. ルーズベルト大統領自身だったと推定できる。F.D. ルーズベルトはまずこの世界戦争に全面勝利することを目標とした。そして、勝利のあかつきには、人間であれば誰でも（男でも女でも）人として幸福に暮らすことができる権利を、枢軸国を含む世界中すべての地に保障することを夢見たのである。そのような夢を"human rights"という新しい言葉に込めたのではないか。未だかってなかった全く新しい世界を創造する夢である。

　米英２大巨頭の協議は、連合国宣言（The Declaration by United Nations）という成果につらなった。米英ソ華を筆頭として、26か国によってワシントンD.C.で署名された1942年１月１日付連合国宣言は、その後21か国の署名を得て、1945年６月の連合国（日本外務省は「国際連合」と和訳した）憲章制定の基礎となった[64]。

64　「外国籍の子どもの教育への権利と教育法制——国際人権法の視点から教育 ↗

宣言の前文は、「生命、自由、独立および宗教の自由を擁護すること並びに自国の領土およびその他の国の領土においてヒューマンライツ（human rights）および正義を保全すること」をも連合国の戦争目的として掲げた。「ヒューマンライツ」（human rights）概念を、初めて国際文書によって認知した重要な宣言であり、後の国連憲章（1945年）と世界ヒューマンライツ宣言（1948年）の源泉となったと評価できる。この宣言の実現が、連合国の戦争目的となったことを想起しなければならない。

　総力戦だった第2次大戦において、連合国が最終的勝利を収めたのは、軍事的・政治的・社会的・経済的・文化的な複合的な総合力で枢軸国を凌駕したからであることは言うまでもない。しかし、筆者は、連合国宣言が戦争目的として掲げたこの崇高な理念が枢軸国側の戦争目的（人種の優越性の神話を基礎とするファシズムと全体主義による世界制覇）を克服する原動力になったのではないかと考えている。

## ②　実定法になった「ヒューマンライツ」

　ドイツの降伏[65]を目前にした1945年4月25日から6月26日まで、50カ国が参加してサンフランシスコで開催された国際機構に関する連合国会議は、最終日（1945年6月26日）に国際連合憲章を採択し、国際連合設立を決めた[66]。憲章は、法的拘束力を持つ条約であり、戦後の世界秩序をささえる

---

↘基本法「改正」問題を振り返る──（その4）龍谷法学43巻4号、2011年3月197-231頁論文で、筆者は、1942年1月1日に連合国の国際会議が開催されたと書いたが、F.D. ルーズベルト図書館で当時の記録を調査したところ、実際には会議は開催されていず、1月1日に実際にホワイトハウスに集まって署名したのは、米英ソ華の4か国代表だったことが確認できた。他の22か国代表は、後日多分1月2日に署名したものと思われる。

65　1945年4月30日にヒトラーは自殺し、5月7日ドイツ大統領は無条件降伏を受諾した。

66　The United Nations Conference on International Organization（UNCIO）was a convention of delegates from 50 Allied nations that took place from 25 April 1945 to 26 June 1945 in San Francisco, United States.　http://en.↗

基本的国際法の制定となったと評価できる。

　憲章がその目的などの主要条文中でヒューマンライツ（human rights）を規定したことにより、前記1942年連合国宣言のヒューマンライツ理念は、法的拘束力を持つものとして実定法化した。憲章前文のみならず、第1条（国連の目的）、第13条（総会の任務）、第55条（経済的社会的国際協力）、第62条（経済社会理事会の任務）、第68条（ヒューマンライツの伸長のための委員会の設置）、第76条（信託統治制度の目的）など憲章の各所にヒューマンライツが規定された。このときに、F.D. ルーズベルトの夢は、現実の実定法として形を成した。人類世界のすべての人々にヒューマンライツを国際法によって保障するという壮大な国際運動が始まったのである。

　連合国諸国がヒューマンライツを世界に実現することをも目的の一つとして、2ヶ月もかけてこの憲章の制定のための審議を継続していたときのことである。大日本帝国政府と軍は、ヒューマンライツという理想の実現を戦争目的にかかげた連合国諸国を敵国として、多数の沖縄住民の生命を犠牲にしつつ激戦を継続していた。ヒューマンライツの実定国際法誕生のまさにその時に、連合国と日本の間にはこのような巨大な隔たりが存在していたことを想起する必要がある[67]。

## 2．1945年「ヒューマンライツ」と遭遇した日本
### ①　ポツダム宣言の受諾

　憲章の採択からちょうど1か月後であった1945年7月26日、米英華首脳は、ポツダム宣言により日本軍の無条件降伏を要求した。この宣言は、憲

---

wikipedia.org/wiki/United_Nations_Conference_on_International_Organization visited on 25 September 2010.

67　日本政府・帝国軍は、4月2日から6月23日の間、多数の沖縄住民の生命を犠牲にしつつ無謀な沖縄戦を遂行していたのである。

章が定めたヒューマンライツという新しいことばを含んでいた。迅速な「聖断」がなされず、優柔不断の日本政府は同宣言を「黙殺」すると公表した。結局、広島、長崎への原爆の投下、ソ連の参戦、朝鮮の分断という事態を招いた。8月10日になってやっとなされた「聖断」により、日本政府は、「ポツダム宣言を「国体護持」を条件として受諾することを決定し、結局8月14日【国内的公表は8月15日・降伏文書署名は9月2日】に、無条件降伏を受諾した。ポツダム宣言【カイロ宣言を含む】の受諾は、連合国による一切の戦争犯罪人の処罰を受け入れること及び日本政府が「基本的ヒューマンライツの尊重」を確立する責務を負う約束を含んでいた[68]。

　歴史的にみると、このときに日本は初めて連合国からヒューマンライツの尊重を国際的に要求された。ところが、それ以後の対応から見ると、日本政府は、この新しい法的概念との遭遇に特に注目していなかったと思われる。このときの日本の外務省は、基本的「ヒューマンライツ」を基本的「人権」と和訳していたのであって、ポツダム宣言の意義を十分には理解していなかったことがうかがえる。「ヒューマンライツ」は、法的概念として新たなものであって、それまですでに日本語化されていた「人権」とは内容が異なっている。しかし、この段階では、その違いは、それほど大きなものではなかったため、その違いの重要性に気づく日本の外交官も研究者もいなかったと思われる。その違いが問題化するにはかなりの時間が必要だった[69]。

---

68　ポツダム宣言「十　吾等ハ日本人ヲ民族トシテ奴隷化セントシ又ハ国民トシテ滅亡セシメントスルノ意図ヲ有スルモノニ非ザルモ吾等ノ俘虜ヲ虐待セル者ヲ含ム一切ノ戦争犯罪人ニ対シテハ厳重ナル処罰ヲ加ヘラルベシ日本国政府ハ日本国国民ノ間ニ於ケル民主主義的傾向ノ復活強化ニ対スル一切ノ障礙ヲ除去スベシ言論、宗教及思想ノ自由並ニ基本的ノ人権ノ尊重ハ確立セラルベシ」
69　筆者が、この違いに気づいたのは、最近のことだった。筆者の思考も、従来の学説に影響され、ながらく混乱していたのである。前掲『ILOとジェンダー』、31-34頁。

## ② 新憲法の意義とその限界

　敗戦直後から日本政府による憲法改正の検討がなされたが、政府は大日本帝国憲法の枠組みにとらわれていたため、根本的変革のための新憲法草案を起草できなかった。当初の政府案（松本草案）には、「人権」という言葉さえなかった。これでは、ポツダム宣言の要求に応えることができなかった。政府は、連合国総司令官から示されたマッカーサー草案を基にして起草し直した[70]。こうして出来上がった政府案に基づいて国会審議がなされ、1946年11月3日に日本国憲法が公布され、翌年5月3日に施行された。

　国民主権（象徴天皇制）、平和主義（9条に戦争放棄と戦力の不保持）、国際協調主義（98条2項に国際法遵守規定）及び基本的人権の尊重を基本とする新憲法は戦前との断絶を象徴するものとも評価され得る。

　しかし、新憲法にも限界があった。人権規定が定められたものの、権利主体は、原則として「国民」とされたのであって、すべての人に保障されるべきヒューマンライツではなかったのである。「国民」のみならず外国人を含む「すべて」の人を権利主体とする"Universal Declaration of Human Rights"（UDHR、世界ヒューマンライツ宣言と翻訳すべきであろう）を国連総会が採択したのは、日本国憲法公布（1946年11月3日）の2年後（1948年12月10日）だった。憲法起草当時には、世界ヒューマンライツ宣言がまだ存在していなかったため、日本はこれを憲法に取り入れることを考慮できなかった。

　この状況を要約するなら、日本国憲法のもとで「人権」は、原則として日本「国民」に対して保障される国内法上の権利（国内法の平面上にある）である。これに対して、国連憲章が定めるヒューマンライツ（Human Rights）は、国際法（国際法の平面上にある）で保障される、人

---

70　芦部信喜『憲法学Ⅰ憲法総論』有斐閣（1992年）、147-171頁。

間ならだれでも持っている権利を言うのである。両者が保障する権利の理念も内容も同じではないし、その保障手続も違う。だから和訳に際しては、「人権」をあてることは不適当だったと思われる。そこで本論文では、筆者は国連憲章の"human rights"に「ヒューマンライツ」というカタカナの和訳をあてることにした。

　ところが、日本では長い間これらの違いが理解されてこなかった。日本は、国連加盟（1956年）が許されるまでは、ヒューマンライツの具体化の過程に関わることがなかった。その内容及び手続的保障のために国連加盟国が憲章採択（1945年）以降営々としてとりくんできたヒューマンライツを保障する活動に関与できなかったのである。また、国連加盟後の日本政府は、長い間国連のヒューマンライツ委員会に参加せず、ヒューマンライツに関心を示さなかった。そのため、日本ではヒューマンライツの理解が進まず、その尊重が遅々として進まなかったのである[71]。

　国際法は、憲法98条2項[72]により国内法に編入され、裁判上の法規範となる。これに違反する法律は無効となる[73]。理論的にはそうなのであるが、日本の国家機関は、司法府も立法府も行政府も憲法のこの規定をほとんど無視してきた。憲法制定過程で、マッカーサー草案になかった98条2項の規定を提案したのは、外務省だった。当時は、国際法を無視して亡国への道をたどった戦前の日本の誤りを反省したからこそ制定された規定だったと思われる。この憲法の定めが実効的に適用されることがないことが新憲法の限界を象徴していると言えよう。


### 3．「ヒューマンライツ」を保障する国際法の基準設定

---

71　戸塚悦朗『人権の尊重が日本で進まないワケ——「慰安婦」問題とヒューマンライツ　講演録』アムネスティ・インターナショナル日本関西連絡会、2016年。
72　憲法第98条第2項　日本国が締結した条約及び確立された国際法規は、これを誠実に遵守することを必要とする。
73　戸塚悦朗『国際人権法入門——NGOの実践から』明石書店、2003年、19頁。

### ① 「ヒューマンライツ」から取り残された日本

　世界ヒューマンライツ宣言の審議当時には、日本は国連のメンバーでさえなかった。だから、この当時の日本の政府も市民も、宣言との接点を持つことが全くなかったのである。

　世界ヒューマンライツ宣言の起草と採択のプロセスは、他の国際ヒューマンライツ文書に比較すると短期間であった。しかし、討議は、ヒューマンライツ委員会、経済社会理事会、総会第3委員会、総会の各段階で、それぞれ激しい議論を経る必要があった。その各段階での議論は、容易ではなかったが、たとえば、各条文の文言一つひとつについての議論に決着をつけ、条文を確定することも困難を極め、総会第3委員会だけでも千回にものぼる投票をしたという[74]。各国政府の国連代表団ばかりか、本国政府も、投票に関する態度決定のために頻繁な国内的検討を重ねた。この間、各国政府もその顧問である学者もNGOも、ヒューマンライツについて集中した深い議論を重ねたことが推測できる。ところが、日本では、政府も、学者も、市民もこれらの過程に関与していなかったため、ヒューマンライツ問題について議論さえしなかった。おそらく国連の審議状況についての知識さえほとんどなかったのではないだろうか。

　その後も、日本関係者は、最先端の研究者、NGOでさえも、幾多のヒューマンライツ文書の起草過程には無関心であり続けた。筆者が知る限り、それが通例であった。筆者を含む日本の法律実務家の場合でも、条約などヒューマンライツ文書が制定されてから必要に応じてそれらを学ぶことがやっとのことであり、ほとんどの場合ヒューマンライツ文書の制定過程に関わる必要性さえも感じてこなかった。

　国際法研究者はどうだったであろうか。日本にも世界ヒューマンライツ

---

74　Mary Ann Glendon, *A World Made New: Eleanor Roosevelt and the Universal Declaration of Human Rights*, Random House, 2002.

宣言採択直後からこれに注目した国際法研究者もいたが[75]、例外的な存在
だった。ヒューマンライツ擁護のための市民運動では世界の最先端を走っ
てきたアムネスティ・インターナショナル（日本支部）の努力によって岩
波ブックレット『世界人権宣言』[76] が出版されたのは、先進的な啓発の試
みだった。だが、それでさえ宣言採択から38年も後（1982年）のことだっ
た。日本の憲法学説では、ヒューマンライツを保障する国際法は憲法より
下位であるとする学説が通説とされている[77]。日本の最高裁判所は、世界
ヒューマンライツ宣言とヒューマンライツ条約のヒューマンライツ規定の
内容は憲法の人権規定と実質的に同じものと評価していて、前者の存在意
義を軽視している[78]。ヒューマンライツを保障する国際法違反は国際法の
遵守を定める憲法98条２項違反を構成するはずだが、その研究も、未だに
判例変更を迫るほど十分な進展を見せていない。だから、日本では、
ヒューマンライツを保障する国際法が憲法を越えた実益と重要性を持つこ
とが十分には理解されてこなかった。

---

75　①田畑茂二郎『世界人権宣言』弘文堂、1951年は、その12頁で、前述したJ.T.
　　ショットウェルが委員長として1943年２月に発表した報告書で「人権問題を取
　　扱い」として、重要な歴史に触れているなど、戦時中の米国内の事情にも詳し
　　く触れている。しかし、記載についての典拠を示していないことが残念である。
　　②田畑茂二郎『人権と國際法』日本評論新社、1952年。③法学セミナー臨時増
　　刊『国際人権規約』日本評論社、1979年。④国際連合編／芹田健太郎編訳『国
　　際人権規約草案註解』有信堂高文社、1981年。⑤2010年現在では、日本語によ
　　る国際人権法関係文献は：http://www.ipc.hokusei.ac.jp/~z00199/I_Reference.
　　html北星学園大学ウェブ頁（Saito, Masaki）「国際人権法参考文献表」2010年10
　　月６日閲覧。
76　①イーデス・ハンソン・武者小路公秀『世界人権宣言』岩波ブックレット
　　No.13、1982年。②アムネスティ・インターナショナル編『私の訳　世界人権宣
　　言──ドキュメント世界人権宣言翻訳コンテスト』明石書店、1993年。
77　①憲法学者としては、前掲芦部『憲法学』、93頁。②国際法学者としては、芹
　　田健太郎『憲法と国際環境（改訂版）』有信堂（1994補訂版第２刷）、318頁。
78　前掲戸塚悦朗『国際人権法入門』、20-22頁。

168

## ②　1966年「ヒューマンライツ」条約の登場

　　国連ヒューマンライツ委員会は、1948年世界ヒューマンライツ宣言の採択以後、その世界的な実施を進めるために、法的拘束力を持つヒューマンライツ条約を起草する努力を継続していた。ヒューマンライツ委員会の長年の努力が実って、1966年12月16日総会は、自由権と社会権に関する二つの国際ヒューマンライツ規約[79]と自由権規約選択議定書[80]を採択した[81]。国連は、世界ヒューマンライツ宣言とこれらの国際ヒューマンライツ規約をあわせて国際ヒューマンライツ章典と呼んでいる。諸国の批准が進む過程に10年かかったが、社会権規約[82]は1976年1月3日、自由権規約[83]及び同選択議定書[84]は1976年3月23日、それぞれ発効した。1948年世界ヒューマンライツ宣言の採択から数え、実に28年後のことであった。

---

79　市民的及び政治的権利に関する国際規約（自由権規約）と経済的、社会的及び文化的権利に関する国際規約（社会権規約）。

80　「市民的及び政治的権利に関する国際規約の選択議定書」。自由権規約に違反した場合に、被害者個人が条約機関である自由権規約委員会に通報できる手続。アルフレッド・デザイアス、ヤコブ・モラー、トーケル・オプサール（第2東京弁護士会訳）『国際人権「自由権」規約入門──「市民的及び政治的権利に関する国際規約」の選択議定書の下における適用』明石書店、1994年。

81　「規約草案は、第9回総会（1954年）から第21回総会（1966年）にかけて第3委員会において逐条ごとに審議され、種々の修正を経た後、1966年12月16日、総会において全会一致で採択されました。また、これらの両規約のほかに、B規約の実施に関連して同規約に掲げる権利の侵害について締約国の個人が行った通報をこの規約によって設けられた人権委員会が審議する制度について規定した「市民的及び政治的権利に関する国際規約の選択議定書」（以下「選択議定書」と略称）が賛成66、反対2、棄権38で採択されました。」外務省HP「国際人権規約の作成及び採択の経緯」から　2010年9月26日閲覧。http://www.mofa.go.jp/mofaj/gaiko/kiyaku/2a_001.html

82　第27条第1項　この規約は、三十五番目の批准書又は加入書が国際連合事務総長に寄託された日の後三箇月で効力を生ずる。

83　第49条第1項　この規約は、三十五番目の批准書又は加入書が国際連合事務総長に寄託された日の後三箇月で効力を生ずる。

84　第9条第1項　規約の効力発生を条件として、この議定書は、10番目の批准書又は加入書が国際連合事務総長に寄託された日の後3箇月で効力を生ずる。

後述のとおり、自由権と社会権の両国際ヒューマンライツ規約の日本による批准は、1979年と、採択から13年も遅れた。

　ところが、日本政府は国連のヒューマンライツ活動には無関心で、1981年まで国連憲章上のヒューマンライツ機関であったヒューマンライツ委員会（Commission on Human Rights）のメンバーになるための努力さえしなかった[85]。以下の状況から推定すると、日本政府は、それまでヒューマンライツ条約の起草過程にもまったく無関心だったから立候補しなかったのだと思われる。

　何が日本政府の政策を変更させたのであろうか？

　この直前に、在日韓国・朝鮮人のヒューマンライツ問題は重大なヒューマンライツ侵害であるとしてヒューマンライツ委員会の秘密手続（1503）による審議の対象となり、日本政府が秘密会議に呼び出されたことがあるという[86]。結果的に見ると、日本政府は、経済社会理事会のなかでヒューマンライツ委員会に立候補すれば、最高点で当選できるだけの政治力を持っていたのに、それまでは立候補しなかった。ところが、ヒューマンライツ委員会のメンバーでなかったために、事前に情報がとれず、この問題で早期に防衛できなかった。そのために、日本政府は、ヒューマンライツ委員会の秘密会でヒューマンライツ侵害国として審議対象になってしまった。だから、日本政府は、批判を受けるような事態を招かないように防衛するために必要な事前情報がなかったことを「反省」したのではないのだろうか。立候補の動機は、将来ヒューマンライツ侵害問題の故にヒューマ

---

85　日本は、1981年５月８日国連人権委員会にアジア・グループから立候補，最高点（48票）で当選した。外務省HPから「日本編1981年」。2010年９月26日閲覧。
　　http://www.mofa.go.jp/mofaj/gaiko/bluebook/1982/s57-nenpyou-2.htm
86　戸塚悦朗「これからの日本と国際人権法（８）条約によらない国連人権手続［４］日本ではどのように活用されたか（ケーススタディー）」法学セミナー 45（1），82-85，2000-01。このとき、在日朝鮮・韓国人の権利は大きな前進を遂げたが、その理由は広く知られることがなかった。

ンライツ委員会で批判されないように防衛するためだったのではなかったか。

　当初はともかく、後々の日本政府の国連での行動を見ると、そう疑わざるを得ない。本来なら、ヒューマンライツ侵害をこそ反省し、日本国内でも、世界でも世界ヒューマンライツ宣言の実効的な実施を進めるためにこそ立候補すべきだったのである。

### ③　教育への権利に関する憲法と国際法

　教育への権利については、憲法26条第1項は、「すべて国民は、法律の定めるところにより、その能力に応じて、ひとしく教育を受ける権利を有する」とし、第2項は、「すべて国民は、法律の定めるところにより、その保護する子女に普通教育を受けさせる義務を負ふ。義務教育は、これを無償とする」としている。第1項は、国民である子どもを教育への権利の主体としているのであって、教育への義務の客体と捉えていない。憲法26条の定めは、外国人差別を生む。外国人には教育を受ける権利が認められず、文部科学省の解釈によると、「就学義務の範囲」として、「憲法第26条は、「すべて国民は、法律の定めるところにより、その保護する子女に普通教育を受けさせる義務を負ふ。」と定めており、小・中学校への就学義務を負うのは日本国民であり、外国人は就学義務を負わないと解されています」と述べている[87]。だから、未就学の外国人の子どもたちについては放置されてきた。

　ところが、世界ヒューマンライツ宣言26条[88]1項は、「すべて人は、教

---

87　就学事務研究会編『改訂版就学事務ハンドブック』（第1法規、1993年）。編集代表は野崎弘氏（文部省初等中等教育局長）、井上孝美氏（文部省教育助成局長）であり、編集委員は、関係課長等文部省の主要担当官が名前を連ねている。
88　世界ヒューマンライツ宣言第26条　すべて人は、教育を受ける権利を有する。教育は、少なくとも初等の及び基礎的な段階においては、無償でなければならない。初等教育は、義務的でなければならない。技術教育及び職業教育は、↗

171

育を受ける権利を有する。教育は、少なくとも初等の及び基礎的の段階においては、無償でなければならない。初等教育は、義務的でなければならない。技術教育及び職業教育は、一般に利用できるものでなければならず、また、高等教育は、能力に応じ、すべての者にひとしく開放されていなければならない。」と定めている。外国人を含めすべての人に対して教育を受ける権利を認めている。ただし、「無償」教育を保障しているのは、「初等の及び基礎的の段階」のみであり、それ以外については定めがない。

この宣言の規定を具体化しているヒューマンライツを保障する条約では、外国人を含め「すべての者」にヒューマンライツとして教育を受ける権利を保障している。冒頭にあげた社会権規約13条1項が「この規約の締約国は、教育についてのすべての者の権利を認める」と定めていることから明らかであろう。

（その1）で述べたように、マクリーン判決が憲法の「人権」保障規定が原則として外国人にも及ぶとしているのに、現実の教育行政には、この判断は及んでいない。結局、日本の憲法以下の国内法は、国際法に違反していると言わざるを得ないが、是正のための国内立法もない。


### 4．「ヒューマンライツ」を保障する国際法への日本の抵抗
#### ①　1979年国際ヒューマンライツ規約の不完全批准

ヒューマンライツに関する日本の条約加盟では、自由権と社会権の両国際ヒューマンライツ規約（1966年国連総会採択）の批准は、1979年と採択

---

＼一般に利用できるものでなければならず、また、高等教育は、能力に応じ、すべての者にひとしく開放されていなければならない。

教育は、人格の完全な発展並びに人権及び基本的自由の尊重の強化を目的としなければならない。教育は、すべての国又は人種的若しくは宗教的集団の相互間の理解、寛容及び友好関係を増進し、かつ、平和の維持のため、国際連合の活動を促進するものでなければならない。

親は、子に与える教育の種類を選択する優先的権利を有する。

から16年も遅れたことも日本による抵抗の現れだった。難民条約への加入（1981年）がそれに続いた[89]。こうして、遅まきながら、日本国内に世界ヒューマンライツ宣言の定めが条約の形で導入される可能性が出てきた。

　問題は、日本の国際ヒューマンライツ規約の批准は、不完全なものだったことである。

　　○留保問題
　第1の問題は、社会権規約13条2項(b)＆(c)などに関する留保を付した点である。中等教育および高等教育の漸進的無償化規定を留保してしまったので、この部分については、拘束力がなくなり、条約を締結しなかったのと同じことになる。その後、大学の学費は天井知らずの急進的高騰を続け、OECD諸国内では最悪の高等教育への権利の侵害国となった。

　　○個人通報権の拒絶
　第2の問題は、（その2）で述べた通り、個人通報権手続を保障する自由権規約選択議定書の批准を見合わせたことである。日本の最高裁判所は、憲法の人権規定と国際ヒューマンライツ（自由権）規約の規定は同じ内容であると受け止めているので、国内裁判所ではヒューマンライツを保障する国際法は実効的に適用されない可能性が大きい。最高裁で敗訴した場合は、被害者が個人通報権を行使して、自由権規約委員会に通報し、最高裁判所の判断が条約に適合するかしないかについて国際的な判断を得る必要がある。ところが、日本の政府も司法機関も、そのような国際的な手続を、「4審制になる」などといって嫌ってきた。結局、日本は今日に至るも個人通報権を認めず、前述した国際連盟時代から一貫して、「国際的な勧告には従わない」という頑なな国際勧告拒否の外交姿勢をとり続けているの

---

89　1982年1月1日「難民の地位に関する条約」及び「難民の地位に関する議定書」が日本について効力を生じた。

である[90]。

## ② 国際法の平面にあるヒューマンライツ

国際法によるヒューマンライツの保障の重要性に筆者が気づいたのは、40年も前の1980年代のことだった。それ以降、その研究と日本への導入運動を並行して進めてきたが、その過程で、上記に述べた日本がヒューマンライツを保障する国際法を実効的に受容できないという問題状況に気づいてきた。その問題状況を打開する第一歩としては、私たちが直面している状況を明確に把握する必要がある。これまで「人権」としてひとくくりにしてきた法的な概念について、国際法の平面の"human rights"という概念の和訳語に「ヒューマンライツ」をあてることによって、私たちの法認識を明確にすることができるであろう。ヒューマンライツを、国内法の平面の「人権」とは明確に区別し、異なる概念であることを理解することから始める必要があると考えるようになった。

### まとめ

本シリーズでは外国人のヒューマンライツに焦点を当てた。その実現のためには、英国とは異なり、日本の司法機関は憲法98条2項により与えられた権能を行使し、国際法[91]を適用できることを再確認したい。しかし、

---

90 2021年6月15日の日弁連主催のウェビナーによるシンポジウム「書籍『国際水準の人権保障システムを日本に──個人通報制度と国内人権機関の実現を目指して』の発刊を記念して、これからのアクションプランを考える」を参照。このウェビナーで、泉徳治元最高裁判事が素晴らしい基調報告をしたことに注目したい。

91 そのためには、国連の広報機関が公開している以下の情報を参照することができる。

OHCHR - The Rights of Non-citizens, prepared by the Special Rapporteur on the rights of non-citizens, Professor David Weissbrodt, who submitted his final report to the Sub-Commission on the Promotion and Protection of Human Rights in August 2003 (E/CN.4/Sub.2/2003/23 and Add.1-3). ↗

司法機関が十分な機能を果たさないのであれば、国内立法が必要となる。外国人のヒューマンライツを保障するためにも国際法を遵守するための適切な立法が必要である。そのことを改めてのべ、本稿をまとめることにしたい。

---

【著者紹介】
# 戸塚悦朗（とつか・えつろう）

1942 年静岡県生まれ。

**現職**：弁護士（2018 年 11 月再登録）。英国王立精神科医学会名誉フェロー。日中親善教育文化ビジネスサポートセンター顧問。龍谷大学社研安重根東洋平和研究センター客員研究員。

**教育歴等**：理学士・法学士（立教大学）。法学修士（LSE・LLM）。博士（立命館大学・国際関係学）。

**職歴**：1973 年 4 月第二東京弁護士会及び日本弁護士連合会入会（2000 年 3 月公務就任のため退会）。薬害スモン訴訟原告代理人を務めた。1984 年以降、国連ヒューマンライツ NGO 代表として国際的ヒューマンライツ擁護活動に従事。国連等国際的な舞台で，精神障がい者等被拘禁者のヒューマンライツ問題、日本軍「慰安婦」問題などのヒューマンライツ問題に関わり続けてきた。

　2000 年 3 月神戸大学大学院（国際協力研究科助教授）を経て、2003 年 4 月龍谷大学（法学部・法科大学院教授。2010 年定年退職）。1988 年以降現在までの間、英国、韓国、米国、カナダ、フィンランドの大学で客員研究員・教員を歴任。

**研究歴**：国際ヒューマンライツ法実務専攻。近年は、日韓旧条約の効力問題および安重根義軍参謀中将裁判の不法性に関する研究を進め、日本の脱植民地化のプロセスの促進に努めている。主編著には、（共編）『精神医療と人権』（1 から 3）亜紀書房。『日本が知らない戦争責任』現代人文社。『国際人権法入門』明石書店。『ILO とジェンダー』日本評論社。『国連人権理事会』日本評論社。『日本の教育はまちがっている』アジェンダ・プロジェクト。『徴用工問題とは何か？──韓国大法院判決が問うもの』明石書店。『歴史認識と日韓「和解」への道──徴用工問題と韓国大法院判決を理解するために』日本評論社。『日韓関係の危機をどう乗り越えるか？──植民地支配責任のとりかた』アジェンダ・プロジェクト。その他日英の論文多数。

外国人のヒューマンライツ
――コリアンワールド創刊 23 周年記念出版

2023 年 3 月 31 日　第 1 版第 1 刷発行

著　　　者――戸塚悦朗
発　行　所――日本評論社サービスセンター株式会社
発　売　所――株式会社　日本評論社
　　　　　　　〒 170-8474　東京都豊島区南大塚 3-12-4
　　　　　　　電話　03-3987-8621（販売）03-3987-8611（代表）　振替 00100-3-16
印刷・製本――精文堂印刷株式会社
装　　　幀――百駱駝工房

Printed in Japan　© E.Totsuka 2023　　　　　　　　　　　　　　検印省略
ISBN 978-4-535-52738-6